나는 반려견 훈련사입니다

나는 반려견 훈련사입니다

초판 1쇄 인쇄 2025년 8월 25일
　　1쇄 발행 2025년 9월 01일

지은이 신동석

펴낸이 우세웅
책임편집 정온지
콘텐츠 제작 김세경
경영지원 고은주
북디자인 권수정

종이 페이퍼프라이스㈜
인쇄 ㈜다온피앤피

펴낸곳 슬로디미디어
출판등록 2017년 6월 13일 제25100-2017-000035호
주소 경기 고양시 덕양구 청초로 66, 덕은리버워크 A동 15층 18호
전화 02)493-7780　**팩스** 0303)3442-7780
홈페이지 slodymedia.modoo.at　**이메일** wsw2525@gmail.com

ISBN 979-11-6785-279-3 (03490)

글 ⓒ 신동석, 2025

※ 이 책은 저작권법에 의하여 보호받는 저작물이므로 무단 전재와 무단 복제를 금합니다.
※ 잘못된 책은 구입하신 서점에서 교환해 드립니다.

※ 슬로디미디어는 여러분의 소중한 원고를 기다리고 있습니다.
　　wsw2525@gmail.com 메일로 개요와 취지, 연락처를 보내주세요.

20년간 개들과 함께한 반려견 훈련사의 소통의 기록!

나는 반려견 훈련사 입니다

신동석 지음

설렘

> 프롤로그

나는 반려견 훈련사입니다

나는 개를 참 좋아합니다. 아니, 좋아한다는 말로는 부족할지 모릅니다.

어릴 적부터 개와 함께 자랐으며, 이제는 개와 함께 살아가는 법을 가르치고 있습니다.

1997년, 나는 훈련사 자격증을 처음 취득했고, 그 후로 20년이 넘는 시간을 오로지 반려견 교육에만 쏟아왔습니다. 수많은 반려견과 그 보호자들을 만나왔고, 가끔은 웃었고, 때로는 속상했으며, 무엇보다 많이 배웠습니다. 그렇게 개와 함께 살아오며, 자연스레 '훈련사'라는 이름을 갖게 되었습니다.

개를 가르친다는 건 생각보다 훨씬 더 복잡한 일이었습니다. '훈련'이라는 단어는 종종 오해를 불러옵니다. 무언가를 억지로 시키고, 복종하게 만들고, 통제하는 일처럼 들리기 때문입니다. 그러나 제가 훈련사로서 진짜로 해 왔던 일은 그보다 훨씬 더 조용하고, 깊고, 인간적인 일이었습니다.

'훈련'은 개를 변화시키는 일이 아니라, 보호자와 그의 반려견의 관계를 바꾸는 일입니다.

훈련 전에는 "우리 아이는 왜 말을 안 들을까요?"라고 묻던 보호자들이, 조금씩 "이 아이가 왜 그랬을까요?"라고 물어보기 시작합니다.

이 단순한 문장의 변화가 반려견과 보호자의 삶을 완전히 바꿔놓습니다.

그전까지 많은 보호자는 늘 이런 말을 해 왔습니다.

"애가 너무 말을 안 듣고 제멋대로예요."
"왜 이럴까요? 버릇이 나빠서 그런 걸까요?"

하지만 제가 정말로 궁금한 건 그 아이가 '왜' 그런 행동을 하는지보다, 그 행동을 보호자가 어떻게 받아들이고 있는지입니다.

<u>훈련은 명령을 가르치는 일이 아닙니다.</u>
<u>훈련은 마음을 읽고, 서로를 이해하는 방법을 배우는 과정입니다.</u>

이 책은 단순한 훈련 매뉴얼이 아닙니다. 반려견이라는 생명체를 '이해'하는 법, 함께 살아가기 위해 '보호자'의 입장에서 먼저 배워야 할 '태도'에 대한 이야기입니다.

그동안 내가 현장에서 경험하고, 독일에서 직접 배우며 터득한 훈련 철학과 심리학 이론을 '누구나 쉽게 읽을 수 있도록' 담았습니다.

이 책을 쓰기로 결심한 건, 제가 살아오며 만났던 수많은 반려견,

그리고 그보다 더 많은 보호자의 얼굴이 떠올랐기 때문입니다. 그들은 모두 자신의 반려견을 사랑했습니다. 하지만 때로 그 사랑은 방법을 몰라 서툴렀고, 때로 과한 사랑이 오히려 아이를 더 불안하게 만들기도 했습니다.

그때 제가 해 줄 수 있었던 가장 중요한 말은, "사랑만으로는 부족합니다. 이해가 필요합니다."라는 한마디였습니다.

훈련은 반려견에게만 필요한 것이 아닙니다.
훈련은 보호자 자신을 위한 교육이기도 합니다.

사랑은 시작일 뿐, 함께 살아가기 위해선 '이해'와 '책임'이 필요합니다.
이 책을 펼친 이유가 단지 반려견의 문제행동 때문이었다면, 그것은 아주 제대로 시작된 고민입니다.
개는 사람처럼 말하지 않습니다. 그들의 언어는 사소한 눈빛과 행동입니다.
그러므로 보호자는 '가르치기'에 앞서 먼저 '읽는 법'을 배워야 합니다.
개를 잘 이해하려면, 그들의 본능과 학습 원리를 알아야 하고, 문제행동을 바꾸려면, 훈육보다 '신뢰'가 선행되어야 합니다.

저는 지금도 훈련을 합니다. 때로는 개와, 때로는 사람과.
그리고 훈련을 할수록 더 많이 느낍니다.
'문제행동'이라는 건 개에게서 시작되는 게 아니라, 사람에게서 출발한다는 것을.

보호자가 먼저 바뀌지 않으면 당신의 반려견 역시 바뀌지 않습니다.

『나는 반려견 훈련사입니다』는 제가 20년 넘게 반려견들과 함께 걸어온 이야기입니다.

그리고 그들을 키우는 사람들과 나눈 시간의 기록입니다.

이 책은 반려견을 키우는 '당신'을 위한 책입니다.

'훈련은 전문가가 하는 것', '우리 아이는 안 될 거야'라고 생각했던 분들이 이 책을 읽는 순간, 가장 먼저 바뀌는 건 반려견이 아니라 '당신'일 것입니다.

당신이 바뀌면, 반려견도 분명히 달라집니다.

그 변화는 단지 행동이 아니라, 사랑의 방식이 달라지는 경험이 될 겁니다.

이 책을 통해 당신은, 반려견을 지금보다 더 잘 이해하고, 더 따뜻하게 사랑할 수 있게 될 것입니다.

훈련은 기술이 아닙니다. 훈련은 결국, 마음과 마음이 연결되는 방법을 배우는 일입니다.

그리고 그것이 가능하다는 걸 저는 수백 번, 수천 번 보아왔습니다.

이제, 당신도 그 첫걸음을 내디딜 차례입니다.

훈련은 반려견에게 주는 가장 큰 선물입니다.

그리고, 지금 이 책을 펼친 여러분은 이미 그 선물을 마련할 준비가 된 사람입니다.

차례

프롤로그 나는 반려견 훈련사입니다 • 4

1장
'훈련사'라는 이름의 무게

동물이 전부였던 아이, 내가 훈련사가 된 이유 • 14

좋아함과 미안함 사이, 독일로 향한 결심 • 17

진짜 개들과의 만남으로 훈련의 본질을 배우다 • 21

내 인생 첫 시험 • 25

좋은 훈련사의 자격보다 중요한 것들 • 29

내가 만난 개들, 내가 배운 철학 • 32

· 2장 ·
반려견을 이해하는 심리학의 원리들

개의 본능 이해하기 • 38

개는 어떻게 생각할까? • 42

같은 견종, 다른 성격의 반려견들 • 46

카밍 시그널, 개의 언어를 배우다 • 51

개는 어떻게 배울까? 고전적 조건형성과 조작적 조건형성 • 60

따라 하며 배우는 친구들 보호자 유형과 모방 학습 • 63

어려운 교육도 하나씩 끊으면 쉬워진다 자기 효능감과 조형 • 70

행동 수정의 3가지 방법 홍수법, 탈감작, 역조건화 • 76

익숙했던 행동이 사라지는 이유 소거와 강화 스케줄 • 81

· 3장 ·
반려견을 사랑한다면 이것만은 알고 있자

반려견과의 약속 • 92

하루아침에 되지 않아요 • 98

훈련마다 방법도 다릅니다 • 103

반려견에게 가장 먼저 알려줘야 할 것들 • 108

사랑만으로는 부족해요 • 117

일관성 있는 생활이 곧 최고의 훈련 • 122

· 4장 ·
반려견보다 먼저 바뀌어야 할 존재는 '보호자'

바꾸고 싶다면 먼저 나부터 바뀌어야 합니다 • 126

훈련은 훈련사만으로 끝나지 않습니다 • 130

훈련 실패의 90%, 사실은 보호자의 책임입니다 • 134

꾸짖지 말고 설명하세요 • 137

불안, 좌절, 기대, 그리고 조용한 희망까지 • 141

'문제행동'이 문제가 아닙니다 • 147

· 5장 ·
반려견과 함께하는 하루, 지금부터 시작해요

산책이 즐거워지는 '옆으로 따라 걷기' 교육 • 152

부르면 달려오는 아이로, '이리 와' 교육 • 157

참을성과 안정감을 만들어가는 '기다려' 교육 • 160

화장실 실수 없는 '배변 교육' • 165

어울려 살아가는 힘, '사회화 교육' • 169

차 타는 걸 무서워하는 아이의 '이동 교육' • 173

6장
문제행동 교정 반려견의 행동을 바꾸는 방법

너무 짖어요 '헛짖음' 교정하기 • 180

사람을 물어요 '공격성' 교정하기 • 185

입으로 표현하는 스트레스 '물어뜯기' 교정하기 • 190

혼자 있지 못해요 '분리불안' 교정하기 • 195

'내 거야!'가 지나칠 때 '과도한 소유욕' 교정 • 199

밥을 안 먹어요 '편식과 식습관' 교정하기 • 203

미용, 목욕, 발톱 자르기마다 전쟁이에요 '터치 민감성' 교정하기 • 207

7장
반려견과 함께 걷는 길

훈련사는 어떻게 길러지는가? • 212

훈련사 창업의 현실 • 216

훈련사도 결국 사람을 만나는 일 • 219

한국의 반려견 문화, 이대로 괜찮을까? • 222

에필로그 반려견을 키운다는 건, 책임을 키우는 일입니다 • 225

1장

'훈련사'라는 이름의 무게

동물이 전부였던 아이,
내가 훈련사가 된 이유

내가 언제부터 동물을 좋아했는지 정확히 기억나지 않는다. 하지만 분명한 건, 아주 어릴 때부터 모든 동물이 좋았다. 동네의 닭, 돼지, 소, 고양이, 강아지는 물론이고, 붕어, 거북이, 곤충까지 살아 있는 것들은 무조건 마음이 갔다. 그냥 보기만 해도 신기하고 귀엽고, 왠지 모르게 시선이 향했다.

어린 시절의 나는 유난히 혼자 있는 시간이 많았다. 어머니는 늘 바쁘셨고, 나는 혼자 집을 지키는 아이였다. 그런 내게 세상을 채워주는 건 TV 속의 동물들이었다. 매일 오후가 되면 〈동물의 왕국〉을 보며 지구 반대편 초원을 거니는 코끼리와 사자, 깊은 바다를 헤엄치는 돌고래들을 동경했다. 사람보다 동물이 더 친근하게 느껴졌고, 말이 통하지 않아도 그들의 눈빛과 몸짓을 이해하고 싶었다. 그리고 '저 동물들과 함께 살면 얼마나 행복할까?' 하고 상상하던 아이. 그게 바로 나였다.

그러다 초등학교 1학년, 내 인생의 첫 반려견을 만났다. 동네에서 얻어온 발바리 한 마리. 그 아이에게 이름을 지어주고, 밥을 주고, 이름을 불러 함께 뛰어놀면서 처음으로 '내가 누군가에게 필요한 존재'라는 걸 느꼈다. 그 후로 명절마다 받은 세뱃돈과 어머니가 주는 용돈은 하나같이 강아지를 키우는 데 쓰였고, 중학생이 되었을 땐 몰티즈, 핏불, 진돗개까지 일곱 마리와 함께 살게 되었다. 하루의 시작도, 끝도 개들과 함께였었다.

그때의 나는 '반려견 훈련사'라는 직업조차 몰랐다. 그저 동물을 사랑했고, 개들과 함께 있으면 세상 어떤 것보다 마음이 편안했다. 수업 시간에도 가방엔 교과서 대신 개와 관련된 책이 들어 있었고, 몇 번을 읽고 또 읽다가 너덜너덜해지다 못해 훈련방법이니 견종별 특성과 같은 책의 내용을 다 외울 정도였다. 책을 읽으며 훈련사가 어떤 일을 하는지 알게 되었고, 자연스럽게 '나도 개를 훈련하는 사람이 되고 싶다'라는 꿈도 품게 되었다.

그러던 중, 집 근처의 반려견 농장에서 일을 도우며 다양한 견종들을 가까이에서 접할 기회가 생겼다. 아무런 대가 없이 하루 종일 청소하고 뒷정리를 하느라 힘들었지만, 개들과 함께하는 시간만으로도 정말 행복했다. 그렇게 나는 '동물을 키우는 사람'에서 '동물과 대화하는 사람'이 되고 싶었다.

훈련사가 되겠다는 결심은 자연스레 찾아온 운명 같은 일이었다. 누가 시킨 것도 아니었고, 어디서 배우라고 한 적도 없었지만, 나는 어느새 그 길을 걷고 있었다. 반려견 학교에 온 사람들은 가끔 묻는다.

"왜 훈련사가 되었어요?" 그러면 나는 늘 웃으며 이렇게 말하곤 한다.

"글쎄요, 그냥 태어날 때 신이 정해준 것 같아요. 천직인가 봐요."

따로 어떤 계기나 극적인 사건이 있었던 것도 아니다. 그저 자연스럽게 내가 이 길에 들어섰고, 이게 나의 길이라는 걸 스스로 알아버렸다.

동물을 사랑하는 마음 하나로 시작된 길이지만, 그 안에는 어린 시절의 외로움도 있었고, 내 삶의 중심을 지탱해 준 수많은 반려견과의 추억도 있었다.

그리고 원래 이런 사람이었던 것 같다. 개들과 함께 있어야 비로소 내가 완전해지는 느낌이 드는 사람. 그래서 '나는 반려견 훈련사'다.

좋아함과 미안함 사이, 독일로 향한 결심

반려견 학교에 견습생으로 들어가면서부터 나는 본격적으로 훈련사의 길을 걷기 시작했다.

새벽부터 밤까지 개들을 돌보고, 운동시키고, 훈련하는 생활의 반복이었다. 몸은 지치고 손발엔 늘 상처가 가득했지만, 개들과 함께 지내는 하루하루가 너무 행복했다. 힘들다는 생각보다, 감사하다는 마음이 더 컸던 시절이었다. 하지만 시간이 지나면서, 그 행복 속에서 어딘가 불편하고 이상한 감정이 고개를 들기 시작했다.

1997년 한국의 훈련 방식은 지금과는 많이 달랐다. 훈련은 지식보다 경험이 우선이었고, 경험이란 곧 체벌의 반복이었다.

당시에는 체계적인 훈련 이론이나 심리학적 접근 같은 건 거의 없었고, 교육보다 '조련'에 가까웠다. 짖는 개에겐 소리를 지르고, 앉지 않는 개에겐 목줄을 세게 당기거나 엉덩이를 때리며 '통제'하는 방식이 주를 이뤘다. 그게 효과적인 방법이라고 가르쳤고, 주변 모두가 그렇게 배우고 따라 했기에 나도 예외는 아니었다. 처음에는 훈련법을 잘 몰랐기에 그저 가르쳐 주는 대로 개들을 때리며 강압적으로 조련했다.

하지만 밤늦게 훈련을 마치고 숙소에 돌아와 혼자 조용히 앉아 있으면, 자꾸 마음이 불편하고 아팠다. '내가 정말 이 일을 잘하고 있는 걸까?', '내가 이 아이들을 사랑한다고 말할 자격이 있을까?' 개를 좋아해서 시작한 일이었는데, 내가 매일같이 혼내고 소리 지르고 위협하는 존재가 되어가고 있다는 사실이 점점 나를 괴롭혔다.

어느 날, 그날도 훈련이 잘 안돼 개에게 목소리를 높이고 나서, 무심코 창문에 비친 내 얼굴을 봤다. 웃고 있어야 할 내가, 잔뜩 화가 난 얼굴로 개를 쏘아보고 있는 모습. 그 순간 뭔가가 '툭' 하고 끊어졌다. 좋아해서 시작한 길이고, 개들을 볼 때마다 마음은 설레는데, 막상 훈련에 들어가면 전혀 다른 사람이 되어 있는 내 모습이 너무 낯설고 슬펐다.

개를 혼낼수록 내 안의 상처가 더 깊어지고 있다는 사실이 무척이나 괴로웠다. 개와 함께 있으면 행복할 줄만 알았는데, 어느새 나에겐 회의감과 후회만 남아있었다.

그래서 한동안 훈련장에 나가는 것이 죽도록 싫었다. 개들과 마주하는 것도 괴로웠다. 내가 좋아하는 개들을 매일 혼내고 있는 현실. 그건 분명히 무언가 잘못된 방향이라는 걸 느꼈고, 답답한 현실에서

탈출하고 싶었다. 그 무렵, 반려견 잡지를 읽다 우연히 이런 문장을 보게 됐다.

"전 세계에서 가장 훈련을 잘하는 나라, 독일."

그 한 문장이 내 안에서 큰 울림이 되었다. 마치 어딘가에 갇혀 있던 마음이 뻥 뚫리는 느낌이 들었고, 점점 커다란 열망으로 자라나게 되었다. '진정한 훈련은 뭘까? 개를 때리지 않아도 훈련할 수 있을까? 가장 훈련을 잘하는 나라 독일은 어떻게 훈련할까?'

하지만 독일은 너무 멀었고, 내 현실은 턱없이 부족했다. 비행깃값도 없었고, 생활비도 없었다. 그때부터 나는 건설 현장에서 일하며 돈을 모으기 시작했다. 땡볕 아래서 시멘트를 나르고, 온갖 잡일을 다했다. 누가 보면 고생이라 했겠지만, 나는 하루하루 모이는 그 돈이 '꿈을 사는 티켓'처럼 느껴졌다.

'이건 내가 진짜 훈련사가 되기 위한 여정의 시작이야.' 그렇게 마음속으로 대뇌이며, 육체의 힘듦은 오히려 보상으로 느껴졌다. 만족할 만큼 여비를 모으진 못했지만, 그 돈으로 단 하나의 확신만을 가지고 독일행 비행기에 올랐다. 말도 통하지 않고, 아는 사람 하나 없는 땅이었다. 하지만, 마음속엔 단 하나의 간절한 바람이 있었다.

'진짜 개를 이해하고 가르치는 훈련사가 되고 싶다.'

그 여정이 쉽지만은 않았다. 돈도 부족했고, 문화도 훈련의 기준도 전혀 달랐다. 하지만 바로 그곳에서, 나는 개를 윽박지르고 혼내지 않아도 서로를 믿고 따라올 수 있다는 걸 배웠고, 그 믿음이 훈련의 핵심이라는 것도 깨닫게 되었다. 그리고 그렇게 나는, 내 훈련사 인생의 터닝포인트를 만나게 되었다.

진짜 개들과의 만남으로
훈련의 본질을 배우다

처음 독일에서는 모든 게 낯설었고, 하루하루가 막막했다. 말도 통하지 않았고, 의지할 사람 하나 없었다. 그래도 매일 새로운 클럽이나 페어라인Verein(민간 비영리 단체로 훈련, 자격, 테스트, 교류가 하나의 시스템에서 이루어짐)을 찾아, 훈련을 배울 수 있는지 물어보고 다녔다. 그리고 운 좋게도 독일의 한 셰퍼드 견사에서 일할 기회를 얻게 되었다.

매일 밥을 주고, 켄넬을 청소하고, 운동시키고 온종일 개들과 함께 했다. 한국에서의 훈련사 생활과 비슷했지만, 아이러니하게도 그 낯선 나라에서 내가 기댈 수 있었던 건 오로지 '옆에 있는 개'가 전부였다. 그런데 놀랍게도 그 개들과 말이 통했다. 아니, 더 정확히 말하면 개들과 나는 서로의 감정을 읽었다.

내가 긴장하거나 조급해하면 개도 불안해했고, 내가 안정되면 개도 그제야 내 옆에 와 앉았다. 말 대신, 눈빛과 몸짓, 그리고 당시 내가 가진 기분으로 대화해야 한다는 걸 그때 처음 느꼈다. 혼자만의 시간 속에서 이제야 개를 똑바로 바라본 것이다.

견사 생활을 하며 여러 페어라인에 참여하고 다양한 클럽에서 훈련도 배울 수 있었다.

독일에서 훈련사들이 개를 대하는 방식은 내가 한국에서 보았던 것과는 많이 달랐다. 체벌 중심이 아니라, '기회를 주는 훈련'이었다. 개가 잘못했을 때 혼내는 것이 아니라, 개가 옳은 행동을 할 수 있도록 환경을 만들어주는 것. 기다려주고, 칭찬하고, 반복하는 그 과정에서 개는 자존감을 느끼게 되고, 스스로 행동을 조절할 줄 알게 되었다.

그때의 나는 이미 한국에서 훈련사 자격증을 가지고 있었고, 훈련도 제법 할 줄 안다고 자만했다. 하지만 독일에서의 첫 훈련 장면을 본 순간, 나는 깨달았다. '나는 개에 대해 아무것도 모르는 사람이었구나.'

그들의 훈련은 단순히 개를 통제하거나 복종시키는 것이 아니었다. 마치 개와 사람 사이에 보이지 않는 대화가 오가는 듯한 장면들이 매일 눈앞에서 펼쳐졌다. 그리고 무엇보다도 정말 놀랐던 건 보호자와 반려견 사이의 '관계'였다.

독일 보호자들은 자신의 반려견과 아주 깊은 유대감을 가지고 있었고, 그 관계가 훈련의 바탕이 되고 있었다. 반려견들은 자신들의 보호자를 완전히 신뢰했고, 어떤 훈련 상황에서도 흔들림 없이 믿고 따랐다. 훈련이 조금 거칠어 보이더라도, 그 기반엔 '신뢰'가 있었기 때문에 반려견은 두려워하지 않았다. 그것만 봐도 알 수 있었다. '훈련'이라는 건 단순히 기술적인 명령 전달이 아니라, 그 전에 반드시 형성되어야 할 신뢰와 친밀함의 결과라는 걸. 독일의 반려견들은 보호자의 리드에 따라가면서도 늘 여유 있고 당당했다. 그 모습이 참 인상 깊었다.

그리고 그들은 개를 '함께 살아가는 존재'로 대했다. 혼자 밥을 먹는 게 아니라, 함께 밥을 먹고, 함께 산책하고, 함께 시간을 보냈다. 개는 가족이자 파트너였고, 훈련은 그 관계를 더 단단히 만드는 도구일 뿐이었다.

어느 날, 내가 처음 방문했던 독일 셰퍼드 페어라인에서 아주 인상적인 장면을 보게 됐다. 그곳의 한 훈련사가 팔에 고무줄을 여러 겹 감고 있었는데, 개를 훈련하다 흥분해서 목소리가 커질 것 같으면 갑자기 멈춰서 고무줄을 강하게 당겨 자신의 팔에 고통을 주는 것이었다. 그러곤 한참 동안 숨을 고르듯 서 있다가 다시 조용한 태도로 훈련을 이어갔다.

나는 그 장면이 너무 인상 깊어서 직접 물어봤다. 왜 고무줄을 차고 훈련 중에 스스로 고통을 주는지. 그러자 그는 이렇게 말했다.

"내 성격은 급하고 흥분도 잘하는 편이야. 개에게 화를 내지 않으려면 먼저 내 감정을 조절해야 하거든. 그래서 나는 이 고무줄로 스스로 통제해. 내가 감정적으로 훈련하지 않아야 개가 나를 더 신뢰하니까."

그 말이 나에겐 정말 강하게 와 닿았다. 그 뒤로 나도 한동안 왼쪽

팔에 고무줄을 차고 훈련했었다. 감정이 올라오려고 할 때마다 똑같이 고무줄을 당기며 흥분을 가라앉히려 노력했다. 개와 함께하는 훈련에서 가장 중요한 건 명령보다 내 감정의 흐름이라는 걸 그때 깨달았던 것 같다.

나는 독일에서 생활하며 진짜 훈련, 그리고 진짜 개들과 마주했다. 훈련이라는 것이 단순히 개에게 명령하는 것이 아니라, 사람과 개 사이의 관계를 어떻게 만들어야 하는지, 그리고 그 관계 속에서 만들어진 신뢰가 훈련의 시작이자 전부라는 걸 처음 몸으로 느꼈다. 그리고 나는 그들의 훈련 방식을 지켜보며 내 안의 훈련 철학이 완전히 바뀌는 걸 깨달았다. 한국에서 배운 건 '명령하면 복종해야 하고, 복종하지 않으면 충격을 준다. 그리고 만족시켜야 보상을 한다.'라는 단순한 구조였지만, 독일에서 배운 건 그보다 훨씬 더 깊은 층위의 신뢰와 소통이었다. 단순히 '말을 잘 듣는 개'를 만드는 게 아니라, '사람과 함께 살아가는 개'를 만드는 것. 내가 그토록 꿈꾸던 진짜 훈련이 바로 이런 거였다.

이후로도 나는 독일 전역을 다니며 여러 반려견 학교와 클럽을 방문했고, 직접 시험을 보고, 훈련 자격증도 취득해 나갔다. 그 과정에서 실패도 있었고, 좌절도 있었지만, 그 속에서 얻은 배움은 내 훈련 인생의 기준이 되었다. 그리고 그 기준은 지금도 변함없이 나를 지탱해 주는 중심이다.

내 인생 첫 시험

나는 독일에서 AD, BH, SchH, IPO, FH, Körung, VT, VPG 등 훈련에 관련된 모든 자격시험에 도전해 모두 합격했다. 현재 IGP로 바뀌기 전 시험과목들도 그 당시에는 각각의 규정이 조금씩 다르고, 주최도 다양했다. 그리고 독일 내 훈련 경기대회에도 여러 차례 출전해 1등이라는 영예도 얻었다. 그런데 이런 말을 하면 사람들은 내가 처음부터 훈련을 잘했던 줄 안다. 하지만 그렇지 않았다. 지금도 잊지 못하는 순간이 있다.

그날은 IPO1 시험(국제 시험규정의 첫 단계, 복종·방어·추적 능력을 종합적으로 평가하는 국제적인 반려견 스포츠 자격시험)날이었다. 공격 훈련 중, 내가 데리고 간 암컷 셰퍼드가 갑자기 겁을 먹고 훈련장을 벗어나 도망가 버렸다. 아무리 불러도 돌아오지 않았다. 나는 수많은 사람이 지켜보는 그 자리에 멍하니 서 있었고, 얼굴이 화끈거리고 눈물이

났다. 그 순간이 얼마나 창피하고 당황스러웠는지 모른다.

부끄러움과 실망이 뒤섞인 그 순간, 나는 훈련사로서 내 부족함을 온몸으로 실감했다. 그렇게 무너지는 날도 있었지만, 결국 그런 시련들이 나를 더 단단하게 만들어주었다.

또 하나 기억나는 건, 독일에서 훈련시험을 볼 때면 늘 외국인은 나 혼자였다. 독일 사람들 틈에서 모두가 나를 동물원의 원숭이 구경하듯 쳐다봤고, 대부분 '어디, 얼마나 잘하는지 보자'라는 눈초리였다. 어디에 시선을 둬야 할지 몰라 불안하고 초조했던 그 순간들. 하지만 바로 그런 경험들이, 내가 더 열심히 도전할 수 있게 만든 자양분이었다.

그중에서도 가장 기억에 남는 두 가지 시험이 있다. 하나는 VDH의 '훈데퓨러샤인Hundeführerschein', 또 하나는 SV의 '위붕스라이터Übungsleiter'이다.

'훈데퓨러샤인'은 독일의 공식 핸들러 자격시험이다. 필기와 실기로 나뉘는데, 필기는 30문제의 객관식이고, 실기는 반려견을 직접 다루는 현장 시험이다. 나는 독일 사람들과 함께 시험에 응시했고, 독일어가 완벽하지 않아 규정집과 예상문제를 거의 외우다시피 공부했다. 그리고도 자신이 없었는데, 놀랍게도 필기 1등, 실기 1등을 하며 최종 1등으로 합격했다. 그 기쁨은 이루 말할 수 없었다. 하지만 그보다 더 값졌던 건, '해냈다'라는 경험이었다. 독일어조차 서툰 외국인이 끝까지 포기하지 않고 도전해 얻은 결과였기 때문이다.

또 하나의 도전은 '위붕스라이터'였다. 독일에서도 훈련사 중 오직 10%만이 소지한 최상급의 훈련사 자격증이고, 독특하게도 개를 가르치는 훈련사 자격, 그리고 보호자를 가르치는 자격을 모두 부여하는 자격증이다. 즉, 사람을 가르칠 수 있는 훈련사 시험이다.

필기시험은 모두 주관식으로, 훈련사로서의 가치관과 철학, 훈련과 행동에 관한 분석을 해야 한다. 실기는 복종, 수색, 방어 모든 항목에서 높은 완성도를 요구한다. 나는 이 시험을 준비하면서 말 그대로 훈련의 본질과 나 자신의 한계에 부딪혔고, 밑바닥부터 다시 하나하나 다듬고 갈고닦아야 했다. 하지만 결국 이 시험도 무사히 통과해 자격증을 손에 받아 들었을 때 나는 깨달았다. 그 결과는 실력이 대단해서가 아니라, 두려움을 넘은 용기 덕분이었다는 걸.

주변 사람들이 가끔 물어온다. "어떻게 독일에서 자격증을 취득했나요?" 나보다 훈련을 잘했던 사람들은 독일에도, 한국에도 많았다. 하지만 자격증을 취득하고, 훈련시험에 모두 합격한 사람은 없었다. 그 차이는 '도전의 여부'에서 갈린다. 모두가 이 시험은 어렵다고 말한다. 언어도, 문화도 다르고, 규정도 복잡하니까. 하지만 나는 묻고 싶다.

"당신은 정말로 최선을 다해 도전해 봤나요?"

나는 외국인이었고, 독일어도 못 했고, 돈도 없었다. 하지만, 결국 해냈다. 그러니 누구나 할 수 있다. 다만, 시작하지 않았을 뿐이다.

훈련사는 단지 기술만 잘한다고 될 수 있는 게 아니다. 실패를 견디는 힘, 창피함을 딛고 다시 도전할 수 있는 마음, 그리고 무엇보다 자신을 믿고 끝까지 따라와 주는 개의 눈빛에 보답하고 싶은 책임감. 그것들이 모여야 진짜 훈련사가 된다.

나는 넘어졌지만, 다시 일어났다. 그리고 그때마다 나를 일으켜준 건, 늘 함께 훈련한 개들이었다.

그 아이들이 내게 말해주는 듯했다.

"괜찮아, 우리는 다시 도전할 수 있어."

이 모든 과정이 나를 더 단단하게 만들었고, '나'라는 훈련사를 만들었다.

훈련은 기술이 전부가 아니다. 그것은 신뢰고, 인내고, 관계다.
그리고 '훈련사'라는 이름은 자격증보다도 그 과정을 포기하지 않은 사람만이 가질 수 있는 품격 높은 자격이다.

좋은 훈련사의 자격보다 중요한 것들

좋은 훈련사가 되는 조건이 무엇일까? 누군가 내게 물으면 나는 언제나 "자격증보다는 '관찰력'과 '진심'이 먼저예요."라고 대답한다. 물론 자격증은 중요하다. 전문성을 인정받는 증거이고, 나 자신도 독일에서 여러 개의 시험을 통과하며 그 가치를 실감했다. 하지만 개는 단지 나를 종이 한 장으로 신뢰하지 않는다. 개가 신뢰하는 것은 그 사람의 '태도'다.

내가 생각하는 훈련사의 첫 번째 자질은 감정 통제다. 개는 매우 민감한 동물이다. 사람의 표정, 손짓, 목소리 톤 하나에도 큰 영향을 받는다. 훈련사는 그 민감한 생명체를 이끌어야 한다. 그래서 가장 먼저 필요한 것이 바로 내 감정을 스스로 조절할 수 있는 능력이다.

두 번째는 관찰력과 인내심이다. 개의 눈빛, 호흡, 움직임 하나하나를 읽는 능력은 단시간에 생기지 않는다. 수많은 현장에서 수없이 많은 개를 보며 쌓여야 한다. 그리고 무엇보다 '기다릴 줄 아는 마음'이 필요하다. 훈련은 하루아침에 완성되지 않는다. 처음부터 완벽한 개는 없다. 실패하고 다시 시도하고 또 실패하고. 그 반복 속에서 개는 배운다. 그 과정을 견뎌주는 것, 바로 그게 훈련사의 역할이다.

<u>세 번째는 보호자와의 소통 능력이다.</u> 아무리 훈련을 잘해도 보호자가 따라오지 않으면 아무 소용이 없다. 나는 종종 보호자들에게 "반려견은 문제없습니다. 문제는 사람이에요."라고 말한다. 반려견은 보호자의 감정과 태도를 그대로 받아들이고, 배운 대로 행동할 뿐이다. 훈련사에게는 반려견만큼이나 보호자를 이해시키는 능력이 필요하다. 어떻게 설명해야 보호자가 납득하고 따라올 수 있을지, 어떻게 공감해야 그들의 마음이 열리는지. 이것을 가르치는 것이 진짜 실력이다.

<u>마지막으로, 진심이다.</u> 이 직업은 단순히 기술로는 버티기 어렵다. 개와 진심으로 교감하지 않으면 그 어떤 훈련도 성공할 수 없다. 나는 늘 개에게 이렇게 말하는 마음으로 훈련에 임한다.

"네가 나를 믿어준다면, 나도 널 끝까지 믿을게."

이 마음이 진심이어야만, 개도 나를 따라온다. 결국 반려견이 보호자의 통제를 받아들이는 건, 훈련 기법의 기술적인 문제가 아니라 '누가 그 행동을 하느냐'의 문제라는 걸 깨달았다. 그래서 나는 생각한다. <u>훈련은 결국 관계다. 기술이 아니라, 신뢰로 시작되는 관계.</u>

좋은 훈련사는 결코 완벽한 기술을 가진 사람이 아니다. 실수도 하고, 넘어지기도 한다. 하지만 언제나 개를 위하고, 개의 관점에서 생각하며, 자신을 끊임없이 돌아보는 사람. 바로 그런 사람이 좋은 훈련사다.

그리고 나는 또 하나 덧붙이고 싶다. 오히려 기술을 너무 쉽게 습득한 사람은 훈련의 과정에서 자주 좌절하곤 한다. 반면, 처음엔 부족해 보이고 느려 보여도, 꾸준히 포기하지 않고 개를 믿으며, 묵묵히 자신의 할 일을 해내는 사람, 그런 훈련사가 결국엔 최고의 훈련사가 된다. 실수하고 넘어지면서도 다시 일어나 도전하고, 끝까지 포기하지 않는 사람, 나는 그런 사람이 진짜 훈련사라고 믿는다.

내가 만난 개들,
내가 배운 철학

한국으로 돌아왔을 때, 나는 독일에서 배운 모든 지식과 경험을 고스란히 가져왔다고 생각했다. 그런데 막상 현실과 마주하니 벽이 많았다. 독일에서는 훈련에 앞서 반려견과 보호자의 관계, 기본 교육, 사회화, 공공질서까지 모두가 하나의 시스템 안에 있었다. 반면 한국은 아직도 '문제가 생기면 그때 훈련받자'라는 분위기가 강했다.

나는 독일에서 배운 시스템을 한국에서 똑같이 적용해 보려 했지만, 생각보다 어려웠다. 훈련에 대한 인식부터 다르고, 보호자들의 태도나 기대하는 결과도 달랐다. 그래서 나는 오히려 훈련에 대해 더 깊이 생각하게 되었다. 같은 기술, 같은 이론이라도 보호자와 반려견과의 관계, 문화적인 배경, 환경에 따라 전혀 다른 결과가 나온다는 걸 깨달은 것이다.

그래서 나는 늘 한국과 독일, 그 사이 어딘가에 서 있는 기분이었다. 한국에서 훈련을 배웠고, 독일에서 훈련의 본질을 다시 배웠으며, 두 나라의 차이를 비교하며 나만의 길을 조금씩 찾아갔다. 독일에서는 훈련의 방식도, 사람들의 태도도, 무엇보다 '반려견을 대하는 마음'이 달랐다. 처음엔 많이 놀랐다. 그리고 시간이 갈수록 그 차이가 또 한 번 내 철학을 바꾸고 있었다.

독일에서 가장 인상 깊었던 건 '훈련사'가 따로 필요 없을 정도로 보호자들의 수준이 높았다는 것이다. 훈련 클럽에 갔을 때, 정말 훈련을 잘하는 사람이 개를 다루고 있어서 나는 당연히 그 사람이 훈련사라고 생각했다. 그래서 옆에서 따라 하며 배우고, 이것저것 물어보기도 했다. 다른 클럽에서도 마찬가지였다. 너무 훈련을 잘해서 나보다 경력도 많고 훨씬 능숙한 훈련사라고 믿었던 터라, 열심히 질문도 하고 진심으로 배웠다.

그런데 시간이 지나 서로 친해지고 보니 그들은 훈련사가 아니었다. 간호사, 교사, 엔지니어 같은 평범한 직업을 가진 사람들이었고, 반려견을 사랑하는 보호자들이었다. 나는 정말 깜짝 놀랐다. '이렇게 훈련을 잘하는데 훈련사가 아니라고?' 믿기지 않을 정도였다.

그제야 깨달았다. 독일은 일반 보호자들의 훈련 수준이 한국의 훈련사들보다도 높을 수 있다는 것을. 그들은 반려견을 가족으로 생각했고, 그 가족을 위해 정말 열심히 배우고 연습했다. 훈련소가 아니더라도 자신이 반려견을 어떻게 대해야 하는지 고민하고 공부했고, 그들과 함께 훈련하는 시간을 삶의 중요한 일부로 받아들이고 있었다.

나는 그들에게 정말 많이 배웠다. 그리고 이런 문화를 한국에 전하고 싶었다.

훈련은 특별한 사람만 하는 게 아니다. 반려견과 함께 살아가는 모두가 알아야 할 언어고 기술이다. 훈련사라는 타이틀이 중요한 게 아니라, 반려견과의 관계를 위해 진심으로 배우려는 태도가 중요한 것이다.

그래서 나는 지금도 생각한다. 내가 독일에서 배운 건 단순한 기술이 아니었다. 개를 대하는 '사람의 자세'였다.

한국과 독일, 그 사이 어딘가에서 나는 오늘도 고민한다. 어떻게 하면 더 많은 보호자가 자신의 반려견을 더 깊이 이해하고, 더 잘 소통할 수 있을지를.

나는 생각했다. '훈련'이라는 건 단순히 기술을 익히는 게 아니라, 인간과 개가 사회 안에서 어떻게 살아갈지를 함께 연습하는 거라고. 그런 점에서 훈련은 일상이자 문화이고, 철학이라고 믿는다.

내 훈련 철학은 아주 단순하다.

"개는 사람보다 느리다. 하지만 대신 오래 기억한다."

그래서 훈련은 빠르게 하는 게 아니라, 천천히, 정확하게 반복하는 것이다. 그리고 또 하나,

"훈련은 사랑에서 시작해, 신뢰로 완성된다."

나는 매일 개들과 훈련하며 여전히 배우고 있다. 어떤 날은 개한테 혼나는 기분이 들기도 한다. '왜 나를 이해해 주지 않지?'라고 생각했던 순간, 내가 먼저 개를 이해하지 않았다는 걸 뒤늦게 깨닫기도 한다. 그럴 때마다 다시 초심으로 돌아간다. 개를 사랑했던 아이, 〈동물의 왕국〉을 보며 웃고 울던 그 시절의 나로.

그래서 지금도 나는 개를 훈련한다기보단, 함께 살아가는 법을 연습하고 있다고 생각한다. 나와 개가, 보호자와 개가, 그리고 개와 세상이 서로 조금 더 잘 어울려 살아갈 수 있도록 말이다.

이것이 내가 찾은 나만의 훈련 철학이다. 독일과 한국, 그 사이 어딘가에서 만들어진 나만의 방식, 내가 만난 수많은 개가 가르쳐준 삶의 방식이다.

2장

반려견을 이해하는 심리학의 원리들

개의 본능 이해하기

"선생님, 저희 강아지가 자꾸 바닥을 파요. 왜 그런 걸까요?"

보호자들에게 이런 질문을 아주 자주 받는다. 집에서, 마당에서, 심지어 반려견 카페에서도 반려견이 갑자기 바닥을 파는 행동을 보며 보호자들은 당황하거나 걱정스러운 얼굴로 내게 물어본다. 때로는 화를 내며 "이러다 집을 다 망가뜨릴 것 같아요!"라고 말하기도 한다. 하지만 내가 항상 먼저 묻는 건 하나다.

"혹시 그 행동을 왜 하는지 생각해 보셨어요?"

개의 많은 행동은 훈련이 안 됐기 때문이 아니라, 타고난 본능 때문이다.

개는 늑대와 같은 조상을 둔 동물이다. 물론 현대에 이르러 수천 년

간 인간과 함께하며 외모도 성격도 많이 바뀌었지만, 그 본능의 뿌리는 여전히 강하게 남아있다.

바닥을 파는 행동은 야생에서 먹잇감을 숨기거나, 몸을 숨길 안전한 공간을 만들기 위해 본능적으로 하던 습성에서 비롯된 것이다. 실제로 어떤 개들은 쿠션 밑에 간식을 숨기기도 하고, 어떤 개는 소파 뒤를 파서 자기만의 공간을 만들기도 한다. 이는 <u>문제행동이 아니라 본능의 표현인 셈이다.</u>

또 다른 예로는 산책 중 줄을 세게 당기는 행동이 있다. 보호자는 "왜 이렇게 흥분하죠?"라고 묻지만, 개의 관점에서는 수많은 냄새가 뒤섞인 세상에 들어선 순간, 모든 감각이 폭발적으로 반응한다. 후각이 민감한 개는 우리가 느끼지 못하는 것들을 맡고 해석하느라 이미 바쁘다. 그래서 본능적으로 냄새를 쫓아 달리고 싶은 욕구가 앞서게 된다. 여기서 보호자가 줄을 당겨 억지로 통제하면, 개는 오히려 더 흥분하거나 반발심을 가질 수 있다.

먹이를 추적하고, 낯선 존재를 경계하며, 무리 내에서 관계를 맺는 행동들은 모두 자연스러운 것들이다. 어떤 개는 경계심이 강해 초인종만 울려도 짖고, 어떤 개는 소파를 지키려는 듯 으르렁거릴 수도 있다. 이처럼 포식 본능, 방어 본능, 사회적 본능은 모든 개가 소유하고 있는 기본적인 행동의 토대다. 이를 단순히 문제라고만 보면 자신의 반려견을 혼내기 쉽고, 훈련의 방향도 잘못되기 쉽다.

우리가 해야 할 일은 이 본능을 억제하는 것이 아니라, 이해하고 조절하는 것이다. 예를 들어 사냥 본능이 강한 개는 공 던지기 놀이를 통해 에너지를 해소할 수 있고, 터널을 좋아하는 개는 크레이트나 천막형 하우스를 통해 안정감을 느끼게 할 수 있다. 자신의 반려견의 타고난 성향을 파악하고, 거기에 맞춰 환경과 활동을 제공하는 것이 바로 훈련의 시작이다.

내가 예전에 만난 보호자 중 한 분은 강아지가 자꾸만 소파 위에 뛰어올라 자리를 차지하고, 사람이 다가가면 으르렁거린다고 걱정했다. 처음에는 훈련이 안 되어 그런 줄 알았지만, 자세히 관찰하니 이 반려견은 무리 내 서열을 중시하는 성향이 있었고, 특히 높은 곳에서 공간을 지배하려는 욕구가 강했다. 나는 보호자에게 낮은 쿠션형 하우스를 제공하고, 소파 위에는 올라가지 못하도록 환경을 바꿔주라고 조언했다. 몇 주가 지나자 반려견은 으르렁거리는 행동 없이도 편안하게 휴식을 취하게 되었고, 보호자와의 관계도 훨씬 부드러워졌다.

반려견 교육의 시작은 '가르치기'가 아니라 '이해하기'다. 문제처럼 보이는 행동에는 이유가 있다. 그리고 그 이유의 대부분은 그들이 '개'이기 때문에 생기는 자연스러운 본능이다. 본능을 이해하면 반려견이 억울하게 혼나는 일도 줄어들고, 훈련의 방향도 분명해진다.

우리는 반려견을 '작은 사람'으로 대하는 대신, 그들을 '개'로서 이해하고 바라보아야 한다. 사람처럼 말하지 않고, 감정을 표현하는 방식도 다르지만, 그들도 충분히 우리와 소통할 수 있는 존재다. 단지 인간이 언어로 의사소통을 하는 것과 달리, 본능과 감각으로 세상을 살아갈 뿐이다.

그래서 나는 이렇게 말하곤 한다.

"개를 훈련하기 전에, 먼저 개를 이해하세요."

이 한마디가 우리가 함께 살아가는 데 필요한, 가장 단순하면서도 깊은 출발점이 된다.

개는 어떻게 생각할까?

"선생님, 우리 강아지가 일부러 저를 골려주는 것 같아요. 일부러 저를 무시하고, 삐치는 것처럼 보일 때도 있어요. 혹시 복수하는 걸까요?"

이런 질문을 받을 때마다 나는 웃으며 고개를 천천히 젓는다. 그리고 이렇게 말한다.

"개는 우리처럼 생각하지 않아요. 일부러 골탕을 먹이거나 복수하거나, 삐쳐 있는 것처럼 보이는 행동은 대부분 우리의 단순한 해석일 뿐이에요."

개는 사람처럼 복잡한 사고를 하지 않는다. 감정과 본능, 그리고 이전에 학습한 경험을 바탕으로 행동할 뿐이다. 우리는 반려견을 너무 사랑한 나머지, 때로는 그들의 행동을 인간처럼 해석하곤 한다. 하지만 개는 '의도'보다는 '직관'으로 움직이는 동물이다.

예를 들어보자. 어떤 보호자는 "우리 강아지가 제가 나갔다 오면 항상 복수하듯이 소파를 물어뜯어요."라고 말했다. 그런데 실제로는 이 반려견은 불안한 감정을 해소할 공간이 없었고, 혼자 있는 동안 스트레스를 받아 입으로 해소했던 것뿐이었다. 다시 말해, 복수심이나 질투가 아니라, 단순한 감정의 반응이었다.

개는 이런 방식으로 생각한다.

'이 상황이 익숙한가?'
'불안한가, 안전한가?'
'좋다, 싫다'

그리고 그 감정 상태에 따라 행동이 결정된다. 감정이 긍정적이면 행동도 긍정적으로 나타나고, 불안하거나 낯선 자극에 압도되면 문제처럼 보이는 행동이 나타나기도 한다.

이것이 바로 '개의 사고방식'이다. 인간처럼 과거를 분석하고 미래를 계획하며 현재를 통제하는 능력은 없다. 하지만, 지금 이 순간을 감각적으로 느끼고 판단하는 능력은 탁월하다.

그래서 개는 학습할 때도 '현재의 기분'이 굉장히 중요하다. 보호자가 "앉아!"를 열 번 반복해서 말한다고 해서 개가 '이건 꼭 해야 할 일이구나'라고 깨닫는 게 아니다. 대신, '앉았을 때 좋은 일이 생기더라'라는 감정과 경험이 누적되면서 행동이 굳어진다.

즉, 개는 감정 기반 학습emotion-based learning을 한다. 명령어보다 더 중요한 건 보호자의 표정, 말투, 몸짓, 그리고 전체적인 분위기다. 어떤 반려견들은 단순히 "잘했어."라는 말보다 보호자의 눈빛이나 미소에서 더 큰 안정감을 느낀다. 그래서 교육은 단순히 명령을 전달하는 것이 아니라, 감정을 공유하는 과정이기도 하다.

예전에 훈련소에 온 한 반려견은 "기다려!"라는 명령어에는 전혀 반응하지 않았지만, 보호자가 차분한 톤으로 "기다려~."라고 말하면서 손바닥을 펴 보여주자 스스로 멈춰 섰다. 이것은 단순히 명령을 이해한 것이 아니라, '그 분위기와 신호'를 읽고 반응한 것이다. 개는 말을 배우는 것이 아니라, 상황과 감정을 배운다.

그래서 보호자가 해야 할 가장 중요한 역할은 '좋은 보호자'가 되는 것이 아니라, '신뢰할 수 있는 안내자'가 되는 것이다. 개는 리더를 따르기보다는, 자신을 안정시켜주는 존재를 믿고 따른다. 훈련에서의 권위는 통제가 아니라 신뢰에서 나온다.

어떤 보호자는 훈련이 잘 안 될 때마다 반려견을 혼낸다. 하지만 그 순간 아이는 '무엇이 잘못되었는지'보다 '지금 이 상황이 불안하다'라는 감정만을 배우게 된다. 그리고 그 감정이 쌓이면, 교육 자체에 대한 거부감이나 공포심으로 이어질 수 있다.

내가 훈련을 하며 늘 강조하는 건 이거다.

"개는 명령보다 감정을 먼저 배운다."

그러니 훈련은 외워서 하는 것이 아니라, 감정 속에서 만들어져야 한다. 반복과 보상은 행동을 만들고, 감정과 신뢰는 관계를 만든다.

 개를 '지능이 낮은 인간'처럼 보아서는 안 된다. 오히려 완전히 다른 방식으로 사고하고 느끼는 존재로 인식해야 한다. 이 다름을 인정할 때, 우리는 진짜로 반려견을 이해하게 된다. 그리고 그 이해에서부터 좋은 교육, 더 나은 관계, 더 따뜻한 공존이 시작된다.

같은 견종,
다른 성격의 반려견들

"우리 강아지는 다른 개들처럼 안돼요.", "너무 예민하고, 겁도 많아요.", "명령해도 자기 마음대로만 하려고 해요. 얘는 훈련이 안 되는 걸까요?" 훈련 현장에서 자주 듣는 말들이다.

이런 말을 들을 때마다 나는 조용히 이렇게 말한다.

"그 아이는 못 하는 게 아니라, '다른 방식'으로 배워야 하는 아이예요."

반려견도 사람처럼 각자 타고난 기질이 다르다. 어떤 아이는 활동적이고, 어떤 아이는 조심스러우며, 사람을 너무 좋아하는 가 하면, 독립적으로 거리를 두고 싶어 하는 아이도 있다. 그런데 많은 보호자가 이 기질을 고려하지 않고 "다른 아이는 되는데 왜 너는 안 돼?"라고 반려견을 다그친다. 이건 자신의 반려견만이 가진 언어를 모른 채, 엉뚱

한 말로 계속 가르치는 것과 비슷하다.

반려견도 '성격'이 있다. 그리고 기질은 타고나는 것이다. 심리학에서 말하는 '기질temperament'은 유전적으로 타고나는 감정 반응과 행동 성향이다. 사람으로 치면 성격의 밑바탕 같은 것이다. 반려견도 마찬가지다. 아무리 똑같은 훈련을 해도 어떤 아이는 금방 익히고, 어떤 아이는 한참을 지켜보다가 조심스럽게 반응하고, 또 다른 아이는 '왜 내가 해야 해?'라는 눈빛을 보내기도 한다. 그래서 모든 반려견에게 '하나의 방식'만을 고집하는 훈련은 효과적이지 않다. 좋은 훈련이란, '잘 가르치는 것'보다 '잘 맞추는 것'에 가깝다.

기질별로 필요한 훈련을 살펴보면 다음과 같다.

활동적인 아이: 보더콜리, 말리노이즈, 잭 러셀 테리어

'움직이며 배우는 걸' 좋아한다. 에너지가 넘치는 아이들은 가만히 있는 것 자체가 고역일 수 있다. 이런 아이들은 움직이면서 배우고, 놀이 속에서 더 집중력을 발휘한다. 그래서 훈련도 좁은 공간에서 명령으로만 하는 게 아니라, 공 던지기, 터그 놀이, 후각 찾기 게임 같은 놀이를 통해 자연스럽게 스며들게 해야 한다. 너무 오랜 시간 집중시키기보단 짧게, 자주, 다양하게 접근하는 게 훨씬 효과적이다. 그렇게 에너지 발산이 충분히 이뤄지면 훈련도 잘 따라온다.

독립적인 아이: 시베리안 허스키, 차우차우, 샤페이

이 아이들에게는 '스스로 선택할 시간'을 줘야 한다. 독립적인 기질이 강한 아이들은 명령에 무조건 반응하지 않는다. 하지만 이건 '고집'이 아니라 스스로 판단하려는 특성이다. 이런 아이에게 억지로 훈련을 강요하면 반항하거나 회피 반응을 보이기 쉽다. 그래서 이런 아이와는 먼저 신뢰를 쌓는 과정이 우선이다. 하루 5분씩 눈을 마주치고, 쓰다듬으며 대화를 시도하는 시간이 쌓여야 '가르치는 것'이 먹히기 시작한다.

감수성이 높은 아이: 치와와, 셔틀랜드 쉽독, 이탈리안 그레이하운드

이 아이들은 '천천히, 조심스럽게' 다가가야 한다. 감수성이 높은 아이들은 소리, 낯선 사람, 새로운 환경에 쉽게 스트레스를 받는다. 이런 아이에게는 무조건적인 사회화나 자극적인 노출보다 조용한 공간에서 천천히 신뢰를 쌓아가는 훈련이 필요하다.

작은 성공도 반드시 칭찬해 줘야 한다. 아무도 없는 방에서 "앉아!"라고 명령했을 때, 이는 아이에겐 큰 도전일 수 있다. 그리고 새로운 환경이나 상황은 좋은 기억과 함께 연결되도록 해야 한다. 병원에 갔을 땐 아주 좋아하는 간식을, 손님이 왔을 땐 가장 아끼는 장난감을 활용해서 두려움을 즐거움으로 바꾸는 것이다.

지배적인 아이: 로트와일러, 불도그, 마스티프

이들에게는 '명확한 기준'이 필요하다. 지배적인 기질이 있는 아이들은 스스로 리더 역할을 하고자 하는 경향이 있다. 이런 아이에게는 보호자의 일관된 리더십이 특히 중요하다. 공포로 눌러서 복종시키는 게 아니라, 질서 있는 일상 속에서 신뢰를 쌓는 게 핵심이다.

예를 들어 밥은 보호자가 앉힌 후 주기, 먼저 나가려 할 땐 기다리게 하기. 이런 사소한 일상 규칙 속에서도 '리더는 보호자'라는 인식을 만들어주는 게 효과적이다.

하지만 같은 품종이라고 해도 성격은 천차만별이다. 품종별 특성은 분명히 존재하지만 '이 견종은 꼭 이렇다'라는 고정된 이미지를 가지고 반려견을 대해서도 안 된다. 예를 들어, 진돗개라고 해서 모두 온순하고, 독립적인 성향이라고 생각하지만, 내가 만났던 진돗개 중에는 매우 소심하고 겁이 많은 아이도 있었고, 반대로 투쟁심이 강하고 사람을 쉽게 믿지 않던 아이도 있었다. 이처럼 유전적 품종 특성과 별개로 각 개체가 태어날 때 가지고 있는 기질 역시 모두 다르다. 보호자는 '우리 개가 진돗개니까 원래 이래야 해'라는 고정관념보다는, '이 아이는 어떤 성향을 가졌을까'를 먼저 이해하려고 노력해야 한다.

보더콜리라고 해서 모두 머리가 좋고 활발한 것은 아니며, 골든 리트리버라고 해서 모두 사교적인 것도 아니다. 어떤 보더콜리는 유난히 낯을 가리고, 어떤 리트리버는 의외로 독립적인 기질을 보이기도 한다. 따라서 훈련에서도 견종에 따른 전형적인 훈련법만 적용하기보다는, 개별 반려견의 성향과 기질을 충분히 관찰하고 그에 맞는 방법을 선택해야 한다.

반려견은 바뀌지 않는 존재가 아니라, '이해하면 달라지는 존재'이다. "성격은 바꿀 수 없잖아요."라고 말하는 보호자도 있다. 하지만 사실 기질은 '절대적'이지 않다. 기질은 방향을 정하지만, 훈련은 그 방향을 다듬는 역할을 한다.

　무서움이 많던 반려견이 천천히 신뢰를 배우고 사람을 좋아하게 된 사례, 지배적 성향이 강하던 아이가 보호자와의 깊은 유대 속에서 편안해지는 모습을 나는 정말 수없이 봐왔다.

　중요한 건, 그 아이가 어떤 성향인지 먼저 알아보려는 마음. 그리고 그에 맞는 훈련 방식을 '선택'할 수 있는 보호자의 역량이다.

카밍 시그널,
개의 언어를 배우다

　개는 말을 하지 않는다. 대신, 몸으로 이야기한다. 귀를 뒤로 젖히거나, 하품을 하거나, 몸을 돌리는 행동처럼 보호자가 무심코 지나치는 동작 하나하나가 모두 개가 보내는 '신호'일 수 있다. 이것이 바로 카밍 시그널calmings signals, 즉 '진정 신호'다.

　카밍 시그널은 개가 상대방이나 상황을 진정시키기 위해 사용하는 일종의 언어다. 예를 들어, 갑자기 큰 소리가 났을 때 개가 혀를 핥거나 하품을 한다면 그것은 긴장을 누그러뜨리기 위한 반응일 수 있다. 낯선 개와 마주쳤을 때 몸을 틀거나 땅 냄새를 맡는 행동 역시 "나는 공격할 생각이 없어."라는 메시지일 수 있다. 이런 신호는 개가 스트레스를 받을 때, 불안할 때, 혹은 상대방과의 긴장감을 줄이고 싶을 때 자연스럽게 나타난다. 그래서 보호자가 이 신호를 이해하면 자신의 반려견의 감정 상태를 보다 정확히 파악할 수 있다.

하품은 졸려서 하는 것이 아니라 긴장해서 하는 경우가 많다. 혀를 날름거리는 행동도 불안이나 당황스러움의 표현일 수 있다. 어떤 반려견은 보호자가 화를 내면 시선을 피하거나 등을 돌리기도 한다. 이는 복종이 아니라, 갈등을 피하려는 평화 제스처다.

이런 카밍 시그널은 다른 개들과의 사회적 관계에서도 자주 활용된다. 강한 개가 다가올 때 몸을 낮추거나 옆으로 걷는 행동, 또는 갑자기 땅 냄새를 맡는 행동은 모두 "나는 싸우고 싶지 않아."라는 메시지다. 놀랍게도 대부분의 개는 이 신호를 아주 잘 읽고 받아들인다.

그런데 문제는 사람이다. 보호자는 이 신호를 무시하거나, 때로는 반대로 해석하곤 한다. 예를 들어 반려견이 스트레스를 받아 하품을 하는데도 "졸리냐?"라며 잠을 깨운다며 억지로 움직이도록 훈련하거나, 시선을 피하는 반려견에게 "날 무시하냐?"라고 화를 내는 경우도 있다. 그러면 결국 반려견은 더 큰 불안에 빠지고, 이는 문제행동으로 이어지기도 한다.

<u>카밍 시그널을 이해한다는 건 단순히 반려견의 몸짓을 해석하는 걸 넘어, 반려견과의 진짜 대화를 시작하는 일이다.</u> 훈련이 잘 되지 않는 날, 먼저 반려견의 신호를 들여다보자. 귀가 젖혀있거나, 하품을 반복하거나, 고개를 돌리고 있다면 그건 지금 당장의 훈련보다 휴식이 먼저라는 뜻일 수 있다.

개가 보내는 카밍시그널

하품

하품은 단순히 졸릴 때만 나오는 게 아니다.

낯선 공간, 불안한 상황에서 하품을 한다면 그건 긴장을 풀기 위한 호흡 조절 반응이다.

코 핥기

스트레스를 받았을 때 개는 무의식적으로 코를 핥는다. 침샘이 활성화되며, 긴장을 풀고자 하는 생리적 반응이다.

몸 돌리기

등이나 옆구리를 보여주는 자세는 갈등 회피의 대표적인 신호이다. 자신이 긴장하고 있으니 무리한 접근은 하지 말아 달라는 부탁이다.

천천히 움직이기

갑작스러운 움직임이 상황을 더 긴장시키는 걸 알기에 일부러 천천히 걷거나 멈추는 반응도 나타난다. 스스로 부교감신경계를 활성화하려는 행동이다.

침을 흘리는 행동

훈련 중이나 특정 상황에서 침을 흘리는 건, 감정적인 스트레스의 표현일 수 있다. 하지만 긴장이나 불안이 높을 때는 입안이 바짝 마르거나, 반대로 침이 과도하게 분비되는 현상이 나타나기도 한다. 침을 흘리는 행동은 "지금 이 상황이 불편하고 긴장돼요."라는 무언의 표현일 수 있다.

이런 행동의 바탕에는 개의 신경계 반응이 있다. 개의 신체는 인간과 마찬가지로 교감신경계와 부교감신경계라는 두 자율신경계의 균형 속에서 감정과 행동을 조절한다.

'교감신경계'는 스트레스나 흥분 상태일 때 활성화되어 심박수와 호흡을 증가시키고, 도망치거나 공격하려는 '전투 혹은 도피 fight or flight' 반응을 유도한다.

반면, '부교감신경계'는 안정과 회복을 담당해 심박수를 낮추고 소화를 돕고, 휴식 상태로 전환한다. 카밍 시그널은 바로 이 부교감신경계의 활성화를 유도하는 자연스러운 자기 진정 행위다. 개는 스스로를 안정시키기 위해 몸짓을 통해 부교감신경계를 활성화하고, 상대방에게도 '진정하자'라는 신호를 보내는 것이다.

'보디랭귀지' 역시 개의 마음을 읽는 언어이다. 꼬리 하나만 봐도 그날의 감정 상태를 알 수 있고, 눈빛이나 몸의 긴장만으로도 개가 지금 어떤 상황에 있는지 짐작할 수 있다.

카밍 시그널이 갈등 상황에서 평화의 메시지를 보내는 방식이라면, 보디랭귀지는 그보다 넓고 다양한 감정의 지도를 보여주는 소통 방식이다. 즉, 단지 스트레스 상황에서만 나타나는 것이 아니라 평상시의 기분, 관심, 흥미, 피로, 불편함 등 모든 감정이 보디랭귀지로 표현된다.

개들의 보디랭귀지

눈: 반려견의 감정 창

개의 눈은 많은 것을 말해 준다. 보호자를 쳐다보는 눈빛, 다른 개를 바라보는 시선, 땅을 보는 눈동자의 위치까지.

- **눈을 똑바로 응시하며 뜨고 있는 경우** 상대를 강하게 의식하고 있다는 뜻이다. 주로 낯선 개나 위협을 느낄 때, 혹은 경계심이 높을 때 눈을 부릅뜨고 응시한다. 공격성의 전조일 수 있으므로 주의가 필요하다.
- **눈을 피하거나 측면으로 보는 경우** 대체로 불편함이나 복종, 회피 의사를 나타낸다. "나는 공격할 의도가 없어요."라는 메시지로, 특히 야단맞을 때나 낯선 사람이 가까이 다가올 때 자주 보이는 표현이다.
- **눈동자가 느리게 깜빡이는 경우** 안정되고 편안한 상태일 수 있다. 보호자와 눈을 맞추며 천천히 눈을 깜빡이는 건 애정 표현 중 하나이다.

귀: 감정의 안테나

귀는 반려견의 현재 감정 상태를 가장 민감하게 드러내는 부위 중 하나이다.

- **앞쪽으로 바짝 세워질 때** 흥미, 집중, 경계심이 있을 때 보이는

반응이다. 주변 소리에 민감하게 반응하고 있다는 뜻이며, 낯선 소리나 자극에 대한 감지 과정이기도 하다.

- **뒤로 젖혀질 때** 두려움, 불안, 또는 복종의 의미일 수 있다. 보호자에게 야단맞을 때, 병원 대기실에서, 낯선 개를 만났을 때 자주 보인다.
- **양쪽 귀가 다르게 움직일 때** 혼란스러워하거나 여러 자극 사이에서 갈등 중일 수 있다. 한쪽 귀는 뒤로, 한쪽 귀는 옆으로 흐트러져 있다면 아직 상황 판단이 안 된 상태일 가능성이 높다.

얼굴과 입 주변: 미묘한 신호의 집합소

- **입을 다물고 턱에 긴장이 있을 때** 긴장하거나 불편함을 느끼고 있다. 낯선 사람이나 낯선 개가 가까이 올 때 이런 표정을 짓는 경우가 많다.
- **입을 살짝 벌리고 혀를 내밀며 헉헉거리는 경우** 피곤하거나 더운 상태일 수도 있지만, 특별한 상황이 아닌데도 이렇게 호흡이 가빠지면 긴장, 스트레스 신호일 수 있다.
- **입 주변이나 입술을 핥는 경우** 흔히 나오는 스트레스 시그널이며, 특히 낯선 상황이나 갈등 상황에서 자신을 진정시키기 위한 행동이다.

몸 전체: 긴장과 이완의 움직임

- **몸을 낮추고 뒷다리를 굽히는 자세** 복종 혹은 긴장을 의미한다. 흔히 실수한 뒤 꾸중을 들을 때 이런 자세를 취한다.
- **몸을 활처럼 튕기며 활발히 움직일 때** 놀고 싶거나 흥분한 상태를 나타낸다. 흔히 '놀자 자세play bow'와 함께 나오는 경우가 많다.
- **몸 전체가 굳고 발을 딛는 위치에 힘이 들어갈 때** 두려움, 경계심이 높은 상태로, 낯선 대상이나 상황에서 반응한다. 몸이 굳어 있으면 갑작스러운 반응을 보일 수 있으니 주의가 필요하다.

꼬리: 개의 감정 온도계

- **꼬리를 높게 들고 빠르게 흔드는 경우** 높은 각성 상태일 수 있다. 반가움일 수도 있지만, 과도한 흥분, 심지어 공격성을 동반한 경우도 있으니 특히 주의가 필요하다.
- **꼬리를 낮추거나 다리 사이에 끼고 있는 경우** 불안, 두려움, 위축 상태이다. 낯선 상대를 보고 강하게 짖으며 이 자세가 나오면 심리적으로 매우 불편한 상태로 봐야 한다.
- **꼬리를 오른쪽이나 왼쪽으로만 편향되게 흔드는 경우** 연구에 따르면 오른쪽으로 치우치게 흔드는 건 긍정적인 감정, 왼쪽으로는 부정적인 감정일 가능성이 크다고 한다.

짖는 소리: 감정의 소리

- **짧고 높은 톤으로 반복되는 짖음** 경계심, 흥분, 긴장 상태. 현관 벨 소리나 낯선 발걸음 소리에 자주 나타난다.
- **낑낑거림, 끙끙대는 소리** 불안, 기대 혹은 욕구 표현이다. "나도 끼워 줘!", "산책하러 가고 싶어!" 같은 뜻일 수 있다.
- **낮고 길게 끄는 으르렁거림** 경고의 의미가 강하다. 보통 위협을 느낄 때 나타나며, 공격 행동의 전조일 수 있어 신중한 관찰이 필요하다.

몇 년 전 전람회장에서 있었던 일이다. 로트바일러 보호자가 나에게 자신의 반려견을 핸들링해 줄 수 있냐고 물어왔고, 나는 개를 먼저 직접 보고 판단하겠다고 했다. 그런데 보호자가 켄넬에서 반려견을 내보내는 순간, 나는 그 개가 내보이는 미세한 긴장과 경계의 신호들을 읽을 수 있었다. 그래서 "너무 가까이 오지 마시고, 거기서 말씀해 주세요."라고 조심스럽게 요청했다.

하지만 보호자는 "우리 개는 정말 착해요, 괜찮아요."라며 줄을 느슨하게 잡고 나에게 다가오기 시작했다. 나는 손을 들어 "잠시만요."이라고 말했지만, 이미 로트바일러는 내 앞까지 와 있었고, 결국 내 허벅지를 물어버렸다. 바지가 찢어지고 피가 났다. 그제야 보호자는 당황하며 "어? 얘가 왜 이러지? 사람을 문 적은 한 번도 없었는데요…."라며 얼버무렸다.

나는 처음부터 그 반려견이 낯선 사람들과 소음, 개들로 가득한 전람회장의 분위기에 압도되어 있다는 걸 눈치챘다. 하지만 보호자는 단지 자신의 반려견은 착하다는 믿음만으로 상황을 판단했고, 결과적으로는 반려견에게도, 사람에게도 모두 위험한 상황을 만들고 말았다. 이런 사례는 현장에서 빈번하게 발생한다. 그만큼 개의 카밍 시그널을 읽는 것은 무척 중요하다.

<u>훈련을 잘하는 사람은 명령을 많이 하는 사람이 아니다. 개가 보내는 신호를 세심하게 읽을 줄 아는 사람이다.</u>

그 신호가 위축인지, 기대인지, 두려움인지, 거절인지, 몸의 미묘한 표현을 통해 파악할 수 있다면, 그 자체로 이미 훌륭한 훈련의 시작이다.

반려견은 매일 우리에게 말을 걸고 있다.

꼬리로, 눈으로, 자세로. 이제는 보호자인 우리가 그 말을 조금 더 세심하게 읽어줘야 할 때다.

훈련은 명령어의 반복이 아니라, 대화를 기반으로 해야 한다. <u>명령을 던지기 전에, 먼저 개가 보내는 몸의 언어를 읽어주는 것. 그것이야말로 진짜 교육의 시작일 것이다.</u>

나는 훈련장에서 어떤 개가 훈련 도중 등을 돌리고 자리를 피하려할 때, 절대 다그치지 않는다. 그 아이가 지금 무엇을 말하려 하는지부터 살펴본다. 대화는 언제나 '이해'에서 시작되니까.

카밍 시그널은 말보다 강력하다.

우리는 그것을 배워야 하고, 이해해야 하며, 존중해야 한다.

개는 어떻게 배울까?
고전적 조건형성과 조작적 조건형성

개도 사람처럼 학습을 통해 세상을 이해한다. 단지 언어가 아닌 감각과 경험을 통해 배우는 것이다. 이때 중요한 것이 바로 '어떻게' 배우느냐는 점이다.

심리학에서는 개의 학습 과정을 크게 두 가지로 설명한다. 하나는 고전적 조건형성, 다른 하나는 조작적 조건형성이다.

'고전적 조건형성classical conditioning'은 파블로프의 개 실험으로 잘 알려져 있다. 종소리와 음식을 반복적으로 같이 제시하면, 나중에는 종소리만으로도 침을 흘리게 되는 반응이 생긴다. 쉽게 말하면, 어떤 자극이 반복적으로 다른 자극과 함께 주어지면, 두 자극이 연결된다는 이론이다. 이 원리는 실생활에서 다양하게 나타난다. 예를 들어, 보호자가 목줄을 잡는 행동이 늘 외출이나 산책으로 이어졌다면, 반려견은 목줄을 보는 것만으로도 흥분하고 꼬리를 흔들게 된다. 또 어떤 반려견은 병원 냄새만 맡아도 불안해한다. 과거 병원에서의 불쾌한 경험이 냄새와 연결된 것이다. 이처럼 고전적 조건형성은 '감정'과 '예상'을 만들어 낸다.

반면, '조작적 조건형성operant conditioning'은 개가 어떤 행동을 했을 때, 그 결과에 따라 그 행동을 반복하거나 줄이는 방식이다. 즉, '결과가 행동을 만든다'는 개념이다.

보호자가 "앉아."라고 말했을 때, 반려견이 앉는 행동을 하고 간식을 받으면, 아이는 '앉으면 좋은 일이 생긴다'라는 걸 배우고 자주 그 행동을 하게 된다. 반대로, 어떤 행동을 했을 때 무시당하거나 불쾌한 결과가 오면, 그 행동은 점점 줄어든다. 이 원리를 활용하면 다양한 훈련이 가능하다.

이 두 가지 조건형성의 가장 큰 차이는, 고전적 조건형성은 '감정'과 '예상'을 중심으로 한 수동적 학습이고, 조작적 조건형성은 '행동'과 '결과'를 중심으로 한 능동적 학습이라는 점이다. 예를 들어, 고전적 조건형성은 "이 상황에서 무슨 일이 일어날까?"를 배우는 거고, 조작적 조건형성은 "내가 이렇게 하면 어떤 일이 생길까?"를 배우는 것이다.

실제 훈련에서는 이 두 가지가 함께 쓰인다. 예를 들어, 보호자가 반려견에게 "앉아!"라고 말하고 앉았을 때 간식을 준다면, 이는 조작적 조건형성이다. 하지만 이 행동이 반복되면서 "앉아!"라는 말 자체에 '기대'와 '긍정적 감정'이 생긴다면, 그것은 고전적 조건형성이 되는 것이다.

보호자는 이 두 가지 원리를 적절히 활용할 수 있어야 한다. 단순히 명령을 가르치는 것이 아니라, 그 상황을 '좋은 기억'으로 만들어주는 것이 중요하다. 예를 들어, 처음으로 차에 태울 때 반려견을 무작정 밀어 넣는다면 그 경험은 불안과 공포로 각인될 수 있다. 하지만 차에 오를 때마다 간식을 주고, 짧고 편안한 거리부터 시작한다면 '차 타는 일은 즐거운 일'로 연결된다. 이것이 바로 고전적 조건형성의 응용이다.

또 하나 중요한 점은 '타이밍'이다. 칭찬이나 보상은 행동 직후에 즉각적으로 주어져야 한다. 몇 초라도 늦으면 개는 무엇 때문에 보상을 받았는지 연결하지 못한다. '원인과 결과'의 연관성을 매우 짧은 시간 안에 이해하기 때문에, 정확한 타이밍이 학습의 핵심이다.

그리고 무엇보다 중요한 것은 감정이다. 개는 단순히 명령어가 아니라, 사람의 감정 상태, 표정, 말투, 분위기까지 종합적으로 느끼며 반응한다. 그래서 훈련은 '기술'이 아니라 '감정과의 연결'이어야 한다. 명령어를 반복하는 것보다, 보호자와 반려견이 함께 신나게 웃고, 칭찬하고, 기뻐하는 것이 훨씬 더 효과적인 학습이 되는 이유가 여기에 있다.

개는 생각보다 훨씬 섬세하다. 그리고 느리지만 꾸준히, 감정을 통해 세상을 배운다. 고전적 조건형성과 조작적 조건형성. 이 두 가지는 훈련을 위한 기법이기 전에, 개가 세상을 받아들이는 방식이다. 이것을 이해할 수 있다면, 우리는 훈련이라는 단어보다 더 따뜻한 단어, '소통'과 '신뢰'를 배울 수 있게 된다.

따라 하며 배우는 친구들
보호자 유형과 모방 학습

개는 단지 명령어를 통해서만 배우는 것이 아니다. 때로는 대상을 지켜보는 것만으로도 배운다. 다른 개가 하는 행동, 혹은 보호자의 표정이나 몸짓을 관찰하고 그대로 따라 한다. 이처럼 관찰을 통해 배우는 것을 '모방 학습'이라고 한다. 심리학적으로는 '관찰학습observational learning'이라고도 하며, 앨버트 반두라Albert Bandura는 이를 '사회 학습 이론'이라 부르며, 꼭 보상이나 처벌 없이도 단순한 관찰만으로 학습이 일어날 수 있다고 설명한다. 개 역시 사회적 동물로서, 사람이나 다른 개의 행동을 보고 배운다.

예를 들어, 어떤 개가 "앉아!"라는 명령에 반응하여 간식을 받는 장면을 본 다른 개가, 아무 지시 없이도 같은 행동을 따라 하는 경우가 있다. 또 어떤 개는 보호자가 문의 손잡이를 열고 나가는 것을 보고 따라서 문을 열기도 한다. 이것도 반복적으로 관찰하며 행동이 학습된 결과다. 결국, 개는 '직접 해 보지 않아도' 보고 익히는 능력이 있는 것이다.

　반려견을 교육할 때, '누가 모델이 되었는가?'는 생각보다 매우 중요하다. 사회성이 좋은 아이와 함께 시간을 보낸 개는 차분해지고, 지나치게 흥분하는 아이와 오래 있던 개는 공격성이나 산만함을 빨리 배우게 된다. 마치 어린아이가 또래 아이의 행동을 흉내 내듯, 반려견도 주변의 영향을 고스란히 받아들이기 때문이다.

　한 번은 하울링이 심하고 산책조차 힘들었던 '엘리'라는 이름의 바센지가 입소한 적이 있었다. 엘리는 낯가림이 심했지만, 사회성이 좋은 푸들과 함께 산책을 시키고, 같은 공간에서 생활할 수 있도록 방을 마련해 줬더니 3일이 지나 놀라운 일이 벌어졌다. 엘리가 전처럼 울지 않고, 푸들이 식사시간에 먼저 앉으면 같이 앉기 시작했다. 훈련사가 한 것보다 푸들의 행동이 더 큰 영향을 끼쳤던 것이다.

　또 다른 사례로 목욕만 하려고 하면 으르렁거리던 말라뮤트가 있었다. 훈련을 위해 목욕 훈련이 잘된 리트리버와 같이 목욕장에 들어가게 했는데, 처음엔 주시만 하던 말라뮤트가 점점 움직임을 줄이고, 마지막에는 리트리버가 얌전히 있는 걸 따라 하듯 목욕장에 조용히 서 있었다. 억지로 억압하지 않아도, '나도 저렇게 하면 되는구나' 하고 기특하게 스스로 이해한 것이다.

　모든 개가 같은 속도로 관찰하고 배우는 것은 아니다. 낯선 환경에 예민하거나, 이전에 부정적 경험이 많았던 아이들은 안정감을 찾는 것이 우선되어야 모방도 가능하다. 그리고 관찰학습은 훈련사들만이 활용할 수 있는 비밀 기술이 아니다. 보호자도 일상 속에서 충분히 사용할 수 있다. 다만 중요한 건, 반려견이 모방할 대상이 '어떤 행동을 하는지', '어떤 감정을 주는지'를 먼저 살펴보는 것이다. '보는 것만으로도 배우는 존재'라는 사실을 기억한다면, 반려견 교육은 훨씬 더 쉽고 부드러워질 것이다.

보호자들은 종종 이렇게 말한다.

"왜 반려견 학교에만 오면 이렇게 잘해요?"

이 질문에 대한 대답에는 여러 가지가 있지만, 관찰학습의 관점에서 보면 훈련사는 일종의 '이상적인 모델'이 되어 시범을 보이기 때문이다. 반려견은 훈련사의 시선을 읽고, 동작을 보고, 목소리 톤을 듣고 배우는 것이다. 반면, 보호자는 일관된 자세나 언어를 유지하지 못하거나, 실수로 '잘못된 모델링'을 제공하기도 한다.

이렇듯 모방 학습은 단순히 반려견들 사이에서만 일어나는 게 아니다. 보호자와의 관계 안에서도 이루어진다. 보호자의 말투, 행동, 감정 상태, 일상의 패턴까지 반려견은 모두 흡수하며 살아간다. 이때 중요한 건, '어떤 보호자와 함께하느냐에 따라 반려견이 보여주는 행동도 달라진다'는 것이다. 그래서 훈련에서 보호자의 역할은 생각보다 훨씬 더 크고, 중요하다.

반려견 훈련 현장에서 보호자의 유형을 관찰해 보면 크게 네 가지로 나눌 수 있다. 각각의 유형은 반려견에게 전혀 다른 영향을 미친다.

과잉보호형 | 불안은 전염된다

이 유형의 보호자는 반려견을 '소중한 존재'로 여기지만, 그 마음이 너무 커서 모든 상황을 대신해 주려 한다. "쟤가 무서워할까 봐 못 하겠어요.", "저기 다른 개가 있으니까 그냥 안 갈래요." 이렇게 지나치게 걱정하며 방어적으로 대하는 보호자의 태도는, 반려견에게도 그대로 전해져 결국 작은 자극에도 민감하게 반응하고, 독립적으로 행동하지 못하며, 낯선 상황에서 스스로 조절하기 어려워진다. 사실 반려견들은 보호자의 눈빛, 발걸음, 목소리의 떨림까지도 감지해 낸다. 보호자가 긴장하면 반려견도 긴장하고, 보호자가 불안을 느끼면 반려견도 주변을 의심한다. 또한 이 유형의 보호자는 반려견을 너무 사랑한 나머지 모든 걸 허용하고 어떤 규칙도 세우지 않는다. 반려견을 사랑하는 게 꼭 모든 걸 허용해 주는 것이 아니다. 이런 보호자 아래에서 자란 반려견은 세상에 익숙해지기보다 세상을 피하는 법부터 배우게 된다.

일관성 결여형 | 혼란은 개의 몫이다

오늘은 소파에 올라가도 괜찮다고 하고, 내일은 소파에 올라갔다고 혼내는 보호자. 이런 경우 반려견은 도대체 어떤 행동이 맞는지, 무엇이 허용되는지 알 수 없다. '이 상황에서 내가 어떻게 해야 하지?', '어제는 괜찮았는데 오늘은 왜 안 되지?' 이런 혼란은 반려견의 스트레스를 높이고, 훈련의 효율도 떨어뜨린다.

훈련에서 가장 중요한 건 '일관성'이다. 반복과 규칙은 반려견에게 안정감을 준다. 보호자가 매일 다르게 행동하거나 감정적으로 반응할수록, 반려견은 규칙을 익히지 못하고 늘 눈치를 보며 살아가게 된다. 혼란스러운 환경에서는 어떤 교육도 제대로 작동하기 어렵다.

억압형(통제 중심형) | 복종보다 신뢰가 먼저다

이 유형의 보호자는 규칙과 통제를 지나치게 강조하고, 체벌도 자주 사용하는 경향이 있다. "앉아! 기다려! 하지 말라고 했지!" 명령은 또렷하고 빠르며, 잘못된 행동엔 즉시 제지를 가하는 유형이다. 겉보기에는 훈련이 잘되어 보일 수 있다. 하지만 이런 훈련은 반려견의 '이해'를 바탕으로 하기보다는 '두려움'이나 '조건화'로 이루어질 가능성이 높다.

반려견은 겁이 나서 말을 듣는 것이지, 스스로 상황을 이해하고 판단해서 행동하는 것이 아니다. 그래서 보호자가 없는 상황에서는 평소 배운 행동을 하지 않거나, 자율성이 떨어지는 경우가 많다. 훈련의 본질은 '함께 살아가는 방법'을 가르치는 것이다. 복종을 억지로 끌어내는 것에서 끝나선 안 된다. 반려견이 신뢰를 바탕으로 자율적으로 행동할 수 있도록 도와야 한다. 통제보다는 관계가, 명령보다는 대화가 필요한 시점이다.

협력형(이상적 보호자 유형) | 함께 배우는 파트너

이 유형의 보호자는 반려견과 함께 배우고 성장하려는 태도를 갖는다. 실수도 감싸주고, 행동을 관찰하며 원인을 고민하고, 잘했을 땐 아낌없이 칭찬한다.

무엇보다 중요한 건 '소통'이다. "왜 말을 안 들어?"가 아니라, '혹시 내가 뭔가 잘못 전달했나?'라고 먼저 돌아본다. 이런 보호자와 함께하는 반려견은 안정적이고, 실수에도 쉽게 좌절하지 않으며, 배우는 속도도 빠르다.

이 유형은 훈련을 '함께 살아가는 연습'이라고 생각한다. 그래서 명령보다 신뢰를, 통제보다 이해를 먼저 생각한다. 그리고 이런 보호자와 함께라면, 어떤 반려견이든 조금씩 성장하고 변화를 시작하게 된다.

우리는 종종 반려견을 '사랑스러운 가족'이라고 표현하면서, 무한한 애정을 주는 것이 최고의 양육 방식이라고 믿는다. 특히 주변을 보면, 반려견이 산책 중에 갑자기 다른 사람에게 짖거나 뛰어들었을 때, 누군가 그 행동에 대해 지적하면 "왜 귀한 우리 아이에게 뭐라 하세요?"라며 오히려 불쾌해하는 보호자도 있다.

그 마음, 충분히 이해한다. 사랑하는 존재를 지키고 싶은 감정이니까. 하지만 한 번쯤은 이런 질문을 해 보는 것도 중요하다.

"무조건적인 사랑이 정말 그 아이를 위한 걸까?"

사람도 마찬가지이다. 어릴 적부터 하고 싶은 대로 하며 조건 없는 사랑만 받고 자란 아이는, 규칙을 이해하지 못하고 쉽게 버릇이 없어진다. 반대로 방치된 아이나, 과도한 통제와 체벌 속에서 자란 아이

역시 성인이 되어 정서적으로 불안하거나 사회적으로 문제를 일으킬 수 있다.

결국 중요한 건 애정과 통제의 균형이다. 반려견이 이 사회의 구성원으로, 애견인뿐 아니라 비 애견인에게도 환영받는 반려동물이 되기 위해선 단순히 '사랑스러운 존재'를 넘어 '함께 살아가기 적합한 존재'가 되어야 한다. 나는 이 말을 꼭 해 주고 싶다.

<u>반려견은 보호자의 거울이다.</u> 우리가 어떤 방식으로 말하고, 어떤 눈빛으로 바라보고, 어떤 목소리로 다가가느냐에 따라 전혀 다른 존재가 된다. 훈련은 기술의 문제가 아니다. 결국은 관계의 문제이고, 감정의 소통이다.

그리고 반려견은 언제나 우리를 보고 있다. 우리의 표정도, 말투도, 태도도 모두 기억한다. 그렇다면 우리는 어떤 보호자가 되어야 할까? 그리고 어떤 행동을 보여야 할까?

답은 단순하다. 함께 배우는 파트너. 실수를 용서하고, 성공을 함께 기뻐할 수 있는 친구.

반려견의 행동은 결국, 보호자인 '나'로부터 시작된다.

어려운 교육도 하나씩 끊으면 쉬워진다
자기 효능감과 조형

어떤 보호자들은 이렇게 말한다. "우리 아이는 머리가 나쁜 것 같아요. 아무리 가르쳐도 못 알아들어요.", "기본 교육은 되는데, 조금만 복잡한 건 못 따라와요."

하지만 실제로는 대부분의 반려견이 '복잡한 명령을 이해 못 하는 것'이 아니라, '아직 전체를 이해하지 못했기 때문'일 뿐이다. 그리고 그걸 돕기 위한 훈련법이 바로 '조형Shaping'이다.

'조형'은 심리학적으로 복잡한 행동을 작은 단위로 나누어 하나씩 가르치는 기법이다. 마치 퍼즐을 맞추듯, 각 조각을 배우고 익히다 보면 어느 순간 전체 그림이 완성된다.

한 번은 한 영화사에서 출연할 개를 섭외하고 싶다고 연락이 왔다. 내용은 한 마리의 개가 주인을 지키기 위해 침입자를 공격하고, 총에 맞아 쓰러졌다가, 다리를 절뚝이며 주인에게 다가가는 장면을 촬영하고 싶다는 요청이었다.

나는 훈련견으로 셰퍼드를 선택했고, 바로 '조형'이라는 훈련 기법을 떠올렸다. 복잡한 행동을 한 번에 가르치는 것이 아니라, 아주 작은 단계를 나눠 하나씩 완성하고 각각의 훈련이 모두 완성되면 합쳐서 하나의 훈련이 되는 것이다.

먼저, 사람의 팔을 무는 '공격 훈련'을 시켰다. 이게 익숙해지면 다음엔 총소리가 나면 누워서 죽은 척하는 훈련, 그리고 "이리 와!"라는 소리를 들으면 한쪽 다리를 살짝 들고 절뚝이며 걷는 훈련을 단계별로 반복했다. 이 과정을 통해 개는 '침입자 공격 ⋯ 총소리 ⋯ 죽은 척 ⋯ 주인 호출 ⋯ 절뚝이며 걷기'라는 일련의 시퀀스를 정확하게 수행할 수 있게 되었고, 영화 속 감동적인 장면이 완성되었다.

그렇다면 '쓰레기통에 쓰레기 버리기'라는 훈련은 어떨까? 방이 온통 쓰레기로 어질러져 있다. 과자 봉지, 휴지, 음료수 캔 등등⋯. 난장판이다. 이걸 반려견이 하나씩 물고 가서 쓰레기통에 버리는 모습, 이 대단한 훈련이 바로 조형으로 가능하다!

처음엔 과자 봉지를 코로 톡 건드리기만 해도 간식! ⋯ 입에 물기 ⋯ 다음엔 물어서 한 걸음 옮기면 또 간식! 그렇게 '물기 ⋯ 이동하기 ⋯ 쓰레기통 근처로 가기 ⋯ 쓰레기통에 넣기'까지 단계별로 강화해 주면, 나중엔 보호자가 "청소!" 한마디만 해도 반려견이 알아서 방을 정리하는 마법 같은 장면이 완성된다.

이처럼 조형은 목표 행동을 작게 나누고, 각 단계를 강화하며 점진적으로 완성하는 훈련이다. 우리가 불가능하다고 생각했던 훈련도 훈런사들은 조형을 통해 교육한다. 그리고 조형은 반려견이 단순히 명령을 외우는 게 아니라, 스스로 상황을 인식하고 문제를 해결하도록 유도하는 데 큰 장점이 있다.

실생활에서 사용하는 쉬운 훈련을 예를 들어보자. 반려견에게 "손!"을 가르치고 싶다면 처음엔 발을 조금만 들어도 보상을 주고, 그다음엔 보호자의 손에 닿을 때, 그다음엔 손 위에 올릴 때로 점점 기준을 높여 간다.

처음부터 완벽하게 '손'을 올려야만 보상을 주는 게 아니라, 작은 변화와 진전을 단계적으로 인정하고 칭찬하는 방식이다. 이 과정에서 반려견은 '내가 뭔가 해냈구나'라는 감정을 경험하게 된다. 이게 바로 또 하나의 중요한 개념, '자기 효능감 Self-Efficacy'이다.

'자기 효능감'은, 특정 상황에서 목표를 달성할 수 있다는 믿음과 자신감을 말한다.

반려견 훈련에서의 자기 효능감은 반려견과 보호자에게 두 가지 측면으로 영향을 준다. 하나는 반려견 스스로 '하면 된다'라는 긍정적인 경험을 통해 생기는 자신감이고, 다른 하나는 보호자가 '이 아이를 내가 잘 가르칠 수 있다'는 믿음을 갖는 것이다.

개도 사람과 마찬가지로 작은 성공을 반복해서 경험하면, 더 어려운 과제 앞에서도 도전하려는 태도를 보이게 된다. 반면, 계속 실패하거나 혼나기만 하면 도전 자체를 포기하게 된다.

어떤 보호자는 훈련을 시도도 하기 전에 이렇게 말하곤 한다. "우리 애는 안 될 거예요." 그런데 그 말 한마디가 훈련의 방향을 완전히 바꿔버린다. 반려견은 보호자의 표정과 목소리, 태도를 통해 모든 걸 읽어내기 때문이다. 반대로 보호자가 "할 수 있어! 우리 아이 잘하고 있어!"라고 말하면, 반려견은 그 믿음을 고스란히 느끼고 따라오게 된다.

이런 자기 효능감은 작은 성공에서 시작된다. 예를 들어, "앉아!" 하나를 했는데 보호자가 크게 칭찬해 주고 간식을 준다면, 반려견은 '내가 뭔가 해냈구나!' 하는 감정을 갖게 된다. 그게 바로 자기 효능감의 첫걸음이다.

이런 경험이 누적되면 반려견은 단순히 '배운 행동'을 넘어, 스스로 학습하려는 능동적인 태도를 갖게 된다. 자신감을 가진 반려견은 새로운 상황에서도 주눅 들지 않고, 긍정적인 기대를 품는다. 또한 훈련의 효율이 높아지고, 보호자와의 신뢰 관계도 깊어진다.

한 보호자가 내게 이렇게 말했다. "선생님, 이 아이는 겁이 많아서 아무것도 못 배워요." 하지만 그 아이에게 아주 작은 성공을 경험하게 해 주고, 매번 칭찬해 주자 놀랍도록 빨리 '엎드려'와 '기다려'를 익혔다. 이 작은 성공이 습관이 되고, 습관은 자신감을 만든다.

이런 훈련방식은 특히 자존감이 낮거나, 실패 경험이 많은 반려견에게 탁월한 효과를 발휘한다. 예전에 학대당했던 아이들, 파양 경험이 있던 아이들, 보호자에게 혼나기만 했던 아이들이 처음엔 훈련에 무관심하다가, 조형을 통해 점점 활기를 되찾고 배움을 즐기는 모습을 나는 수없이 봐왔다.

조형 훈련은 이렇게 진행하면 좋다.

- 목표 행동을 작은 단계로 나눈다.
- 아주 작은 변화도 놓치지 않고 보상한다.
- 보호자가 기대하는 행동이 무엇인지 명확하게 알려 준다.
- 단계를 너무 빠르게 높이지 않고, 반려견의 속도에 맞춰 간다.
- 매일 짧은 시간씩 반복한다.

예를 들어, "하우스" 훈련을 하고 싶다면,

- 하우스 방향으로 고개만 돌려도 보상
- 하우스에 다가가기만 해도 보상
- 앞발을 하우스에 넣으면 보상
- 전신이 들어가면 더 큰 칭찬
- 이후 하우스에서 편히 머무는 시간을 늘리고 보상

조형은 반려견에게 '정답'을 가르치는 게 아니라, 정답에 도달하는 길을 스스로 찾게 해 주는 과정이다. 그 길에서 보호자는 힌트를 주고, 응원해 주는 안내자가 되는 것이다.
  훈련이 잘되지 않는다고 느껴질 때, 한 번 이렇게 물어보자.

"혹시 너무 많은 걸 한 번에 시키고 있진 않았을까?"

개는 느릴 수 있지만, 꾸준하다. 그래서 훈련은 조급함이 아니라, 인내심으로 완성되는 것이다. 그리고 그 인내심 속에서 자라는 건 단순한 기술이 아니라, 함께 살아가는 자신감이다.

마지막으로, 조형은 반려견뿐 아니라 보호자에게도 긍정적인 영향을 준다. 보호자 역시 '내가 우리 아이를 변화시킬 수 있다'라는 경험을 반복하게 되면 훈련에 대한 자신감이 생기고, 교육을 즐길 수 있게 된다.

결국, 훈련은 서로가 함께 성장해 가는 길이다. 훈련의 목적은 단지 반려견이 앉고 일어서는 기술을 익히는 게 아니다. 그 시간을 함께 보내며 반려견도, 보호자도 '나는 할 수 있다'라는 믿음을 갖는 것이다. 그 믿음이 바로 진짜 훈련의 시작이다.

행동 수정의 3가지 방법
홍수법, 탈감작, 역조건화

훈련 현장에서 자주 마주치는 고민 중 하나는 바로 문제행동이다. 짖음, 물기, 두려움, 예민함 등 다양한 문제행동들이 있지만, 사실 이 모든 문제 뒤에는 공통된 감정이 숨어 있다. 바로 '불안'과 '두려움'이다. 그래서 단순히 행동만을 교정하려 들기보다는, 그 감정의 근원에 접근해야 한다. 이럴 때 사용하는 대표적인 심리학적 기법이 홍수법, 탈감작, 그리고 역조건화이다.

홍수법 | 두려움 속으로 밀어 넣다
홍수법Flooding은 반려견이 두려워하는 자극에 한 번에 강하게 노출해 두려움을 '익숙함'으로 바꾸려는 방식이다. 예를 들어, 자동차 소리를 무서워하는 반려견을 일부러 교차로 한복판으로 데리고 나가 오랫동안 머물게 하는 방식이다.

이 방법의 이론은 간단하다. 두려움을 피하지 않고 계속 마주하게 되면, 결국 반응이 줄어들고 사라진다는 것이다. 하지만 실제로는 그 과정에서 반려견이 심한 스트레스를 겪거나 더 큰 트라우마로 연결되는 경우도 많다. 그래서 나는 보호자에게 이 방법을 거의 추천하지 않는다. 경험이 많은 전문가가 아니라면, 이 방법은 오히려 역효과를 낼 수 있다.

내가 만났던 한 반려견은 천둥소리에 극도로 예민해 비가 오는 날이면 벌벌 떨고 숨어버렸다. 어떤 보호자는 이 문제를 해결하고자 창문을 활짝 열고 일부러 소리를 들려주며 훈련을 시도했지만, 오히려 반려견은 그날 이후 더 불안해하며 산책도 거부하게 되었다. 이것이 홍수법의 대표적인 실패 사례다. 강한 자극은 때로, 더 큰 상처로 돌아온다.

탈감작 | 익숙해지면 편해진다

탈감작Desensitization은 홍수법과 반대로, 두려운 자극에 아주 조금씩, 반복적으로 노출하는 방식이다. 목표는 '익숙함'이다. 낯설고 두려운 자극도 반복적으로, 천천히, 작은 단위로 만나게 되면 어느 순간 자연스럽게 받아들이게 된다.

예를 들어 미용을 무서워하는 반려견이 있다고 해 보자. 처음엔 빗을 보기만 해도 도망가던 아이가, 매일 빗을 보여주고 옆에 두고, 점점 다리나 등에 부드럽게 닿게 하면서 반복적으로 노출되면 어느 순간부터는 그 자극에 익숙해지게 된다. 중요한 건, 강도가 아닌 '빈도'다.

내가 예전에 만났던 진돗개 한 마리는 발톱깎이만 봐도 으르렁거리던 아이였다. 그래서 처음엔 발톱깎이를 보호자 손에 쥐고 멀리서 보여주는 것부터 시작했다. 그다음엔 옆에 놓기, 앞발 옆에 두기, 다리에 스치는 수준까지. 시간이 걸리긴 했지만 결국 그 아이는 발톱을 깎는 상황에서도 침착함을 유지하게 되었다.

실제로 반려견 학교에 오는 보호자 중에는, 유튜브나 TV에서 본 방법을 무조건 따라 하다 오히려 상황을 더 악화시킨 경우도 있다. 미용을 무서워하는 반려견에게 매일 빗을 보여주는 식으로 탈감작을 시도했던 어떤 보호자는 노출 시간이 너무 길고, 간격 없이 반복되다 보니 오히려 자극에 과민해졌다. 또는 반려견이 전혀 준비되지 않은 상태에서 자극 단계를 빠르게 올려버리는 바람에 불안 반응이 증가한 사례도 있다.

탈감작은 '점진적인 노출'이 핵심인데, 강도 조절과 단계별 진행 없이 너무 빠르게 시도하면 오히려 공포스러움이 강화될 수 있다.

탈감작은 시간과 인내의 훈련법이다. 보호자가 '오늘은 이 정도만'이라는 마인드를 갖고 천천히 접근한다면, 대부분의 두려움은 점차 사라진다. 그리고 반려견은 자신이 통제할 수 있는 환경 속에서 안정감을 느끼게 된다.

역조건화 | 무서워하던 걸 좋아하게 만들다

탈감작과 자주 함께 쓰이는 기법이 바로 역조건화Counter-conditioning다. 이 방법은 부정적인 자극과 긍정적인 자극을 함께 제시함으로써 감정을 바꾸는 방식이다.

예를 들어, 초인종 소리만 나면 짖는 반려견이 있다면, 초인종이 울릴 때마다 간식을 주는 방식으로 훈련을 시도할 수 있다. 처음엔 짖더라도, '초인종이 울린다 = 좋은 일이 생긴다'라는 인식이 생겨 점점 짖는 횟수가 줄어든다. 이 훈련은 자극에 대한 감정 자체를 긍정적으로 바꾸는 데 효과적이다.

내가 맡았던 반려견의 보호자 중 한 분은 "우리 개는 청소기만 보면 싸우려 들어요."라고 말한 적이 있다. 그래서 우리는 청소기를 꺼낼 때마다 아주 맛있는 간식을 주었고, 시간이 지나자 '청소기 = 좋은 일이 생기는 물건'으로 인식이 바뀌었다. 결과적으로 그 아이는 더 이상 청소기에 예민한 반응을 보이지 않았다.

하지만 이 역시 타이밍이 중요하다. 한 보호자는 '손님이 오면 간식을 준다'는 방식으로 역조건화를 시도했지만, 짖고 있는 도중에 간식을 줘버려, 반려견은 '손님이 온다 = 짖고 나면 간식이 온다'는 방식으로 학습했다. 결국 짖는 행동은 줄지 않았고, 간식을 더 얻기 위해 짖는 빈도만 늘어났다.

이처럼 역조건화는 자극이 나타나는 '순간'에 바로 보상을 주어야 한다. 행동 이후의 보상은 '문제행동의 강화'로 잘못 연결될 수 있다.

역조건화는 감정의 틀을 바꾸는 훈련이다. 무서움이나 불안, 공격적인 반응을 '좋은 감정'으로 바꿔주는 이 기법은, 특히 짖음이나 예민한 반응을 보이는 반려견에게 매우 효과적이다.

누누이 강조하지만 훈련은 단지 '가르치는 것'이 아니라, 감정을 다루는 기술이다. 반려견이 왜 그런 행동을 하는지 이해하고, 그 감정을 긍정적으로 바꾸어 주는 것. 그것이 진짜 훈련의 시작이다.

홍수법은 강한 접근이고, 탈감작은 부드러운 반복이고, 역조건화는 감정의 재구성이다. 각각의 방식에는 장단점이 있고, 상황과 반려견의 성향에 따라 적절한 방법을 선택해야 한다.

하지만 이를 고려하지 않고 보호자가 심리학적 훈련방법을 인터넷에서 보고 그대로 따라 하는 경우, 핵심 원리나 타이밍, 반려견의 감정 상태 등과 상관없이 진행되어 훈련은커녕 반려견에게 더 큰 혼란을 줄 수 있다. 이럴 때 훈련사로서 나도 마음이 많이 아프다.

반려견은 보호자를 믿고 의지하며 모든 환경을 받아들이는데, 그 믿음이 훈련 실패로 깨져버리는 걸 보면 나 역시 회복까지 많은 에너지와 인내가 필요하다. 그래서 정말 강조하고 싶은 건, 단지 훈련 기법을 따라 하는 게 아니라 '왜 그렇게 해야 하는지', '반려견이 어떤 과정을 통해 변화하는지'를 보호자가 이해하는 것이 중요하다. 이론적인 이해는 선택이 아닌, 책임 있는 보호자로서의 의무에 가깝다.

물론, 이 방법들을 시도한다고 해서 하루아침에 반려견이 변하는 건 아니다. 행동 수정은 '시간을 들인 정성'이 수반되어야 하고, '반복된 신뢰의 축적'이 이루어져야 한다. 어떤 아이는 일주일이면 바뀌기도 하고, 때론 몇 달이 걸릴 수도 있다. 하지만 중요한 건 결과가 아니라, 그 여정을 보호자가 함께 걷는다는 것이다.

반려견을 바꾸는 것이 아니라, 반려견이 세상을 더 긍정적으로 받아들일 수 있도록 돕는 것. 이것이 진짜 '행동 수정'이다.

익숙했던 행동이 사라지는 이유
소거와 강화 스케줄

반려견이 한때 잘하던 행동을 갑자기 하지 않거나, 어느 날부터 이상한 행동을 하기 시작했다는 보호자의 이야기를 자주 듣는다. 예전엔 잘 따라오던 "이리 와!" 명령에 반응하지 않거나, 배변을 잘하던 아이가 갑자기 아무 데서나 실수를 한다고 말한다. "요즘은 잘 안 짖더니, 오늘 또 벨 소리에 짖더라고요. 다시 처음으로 돌아간 것 같아요." 이럴 때 보호자들은 혼란스러워한다.

훈련하다 보면, 어느 날 없어졌던 행동을 다시 하고, 잘하던 행동을 갑자기 멈출 때가 있다. 왜 그러는 것일까? 이유는 단순하다. 반려견의 행동도 지속적인 보상과 반복을 통해 유지되기 때문이다. 즉, 하나의 행동이 끊임없이 지속되지는 않는다. 그리고 그 사라지는 과정을 심리학에서는 '소거'라고 부른다.

소거 | 보상이 사라지면 행동도 사라진다

'소거Extinction'란, 어떤 행동에 대해 더 이상 보상이 주어지지 않을 때, 그 행동이 점차 줄어들고 결국 사라지는 현상을 말한다. 반려견도 예외는 아니다. 예를 들어, "앉아!"라는 명령에 잘 반응하던 아이에게 더 이상 간식을 주거나 칭찬을 하지 않는다면, 언젠가는 그 행동을 하지 않게 된다. 이는 반려견이 '앉는 행동을 잊었기 때문'이 아니라, 그 행동을 해야 하는 '의미'를 잃었기 때문이다. 보상이 사라진 행동은 점차 동기를 잃고, 결국 반응도 약해지는 것이다.

이 소거는 긍정적인 면도 있다. 예를 들어, 손을 핥을 때마다 보호자가 반응해 주던 개가 있었는데, 어느 날부터 보호자가 무반응으로 일관하자 그 행동이 점차 줄어들었다. 이처럼 원치 않는 행동에 대한 보상을 없애는 방식으로도 소거는 유용하게 사용된다.

하지만 반대로, 유지하고 싶은 행동에 대해 보상이 사라지면 그 행동 역시 사라진다. 예전에 이름을 부르면 달려오던 아이가 이제는 오지 않는다면, 최근 보호자의 반응을 떠올려 보자. 혹시 부르고 나서 칭찬을 하지 않았거나, 오히려 빨리 오지 않는다고 혼낸 적은 없었는가?

소거 폭발 | 사라지기 전의 마지막 저항

소거 과정에서 자주 나타나는 것이 바로 '소거 폭발Extinction Burst'이다. 이는 반려견이 익숙하던 보상을 더 이상 받지 못하게 되었을 때, 처음에는 그 행동을 더 강하게, 더 자주 하게 되는 현상이다.

예를 들어, 보호자가 크레이트(이동장)를 꺼내기만 하면 짖거나 도망치던 반려견이 있었다고 해 보자. 평소에는 크레이트를 꺼내면 바로 다른 행동(간식 주기, 산책가기 등)으로 반응해 주었는데, 어느 날부터 보호자가 크레이트를 꺼내도 아무 반응을 하지 않고 무시하기 시작했다. 그러자 반려견은 오히려 더 격렬하게 짖고 크레이트를 물어뜯으며 저항했다. 이것이 바로 소거 폭발이다.

보호자 입장에서는 "크레이트를 예전보다 더 싫어하는 것 같아요!"라고 느끼기 쉽지만, 사실은 그 행동이 사라지기 직전 나타나는 마지막 저항일 수 있다. 이 시기를 잘 참고 일관되게 대응하면, 오히려 훨씬 빠르게 행동이 잦아든다.

하지만 이때 보호자가 흔들려서 "그래, 오늘은 안 들어가도 돼."라며 크레이트 사용을 포기하거나, 다시 다른 보상을 제공해 버리면 문제가 생긴다. 반려견은 '더 격렬하게 저항하면 원하는 걸 얻을 수 있다'라고 학습해 버리기 때문이다. 그래서 <u>소거 폭발 시기에는 절대 흔들리지 않는 일관성이 가장 중요하다.</u>

다른 사례를 보자. 반려견 학교에 오던 코커스패니얼 '코코'는 방문자만 오면 시끄럽게 짖는 아이였다. 보호자는 이를 막기 위해 매번 "쉿! 안돼!" 하며 코코를 진정시키려 했는데, 아이 입장에서는 그것마저도 하나의 '관심'으로 받아들이고 계속해서 짖었다. 그래서 우리는 작전을 바꿨다. 코코가 짖을 때 아무 반응도 하지 않고, 조용히 있을 때만 간식을 주기로 정했다.

교육을 시작한 뒤 처음엔 코코가 더 크게, 더 오래 짖었다. 마치 "왜 이제 아무 말도 안 해요?"라고 따지는 듯이. 코코 역시 소거 폭발 반응이 나타났다. 사라지기 전에 잠깐 더 강해지는 단계인 것이다. 그럼에도 우리가 일관되게 반응을 하지 않자, 코코는 며칠 안 되어 짖는 횟수를 줄이기 시작했고, 결국 거의 짖지 않게 되었다.

하지만 훈련은 여기서 끝이 아니었다. 몇 주 뒤, 오랜만에 손님이 오자 코코는 또다시 짖었다. 이게 바로 '자발적 회복'이다. 이미 사라진 줄 알았던 행동이 특정 상황이나 시간이 지난 뒤 다시 나타나는 현상이다. 중요한 건 이때 보호자가 다시 예전처럼 반응하지 않고 일관되게 소거 전략을 유지해야 한다는 것이다. 그렇지 않으면 그 행동은 다시 강화되고, 이전보다 더 고치기 어려워질 수도 있다.

<u>훈련은 반복과 일관성의 예술이다.</u> 반려견의 행동은 '하도록 만들기'만큼이나, '안 하게 만들기'도 어렵다. 특히 관심이나 보상이 연관된 행동은 쉽게 사라지지 않는다. 보호자가 감정적으로 반응하면 그게 오히려 보상이 되는 경우도 많기 때문이다.

결국 소거는 단순히 무시하는 게 아니라, 어떤 행동에 보상이 사라졌다는 걸 반려견이 스스로 깨닫게 해 주는 과정이다. 그리고 자발적 회복은 그 깨달음을 다시 확인시켜주는 기회이기도 하다.

내가 항상 보호자들에게 하는 말이 있다.

"반려견은 생각보다 오래 기억합니다. 그리고 그 기억은 한 번쯤은 다시 얼굴을 들이밀죠. 그때가 진짜 시험대입니다."

훈련은 끝이 없지만, 그만큼 반려견과 더 깊은 유대와 신뢰를 쌓을 기회이기도 하다.

강화 스케줄 | 보상의 타이밍과 빈도가 만든 차이

보호자들이 훈련할 때 흔히 하는 질문이 있다. "간식은 매번 줘야 하나요? 언제부터 안 줘도 되나요?" 바로 이 질문에 답해 주는 개념이 '강화 스케줄 Schedule of Reinforcement'이다. 가장 쉬운 예는 '매번 보상하기'와 '가끔 보상하기'의 차이다.

강화 스케줄은 보상을 어떤 빈도와 방식으로 줄 것인가에 대한 전략이다. 이건 단순한 타이밍 문제가 아니다. 반려견이 '학습한 행동을 얼마나 오래 기억하고 유지할 것인지'를 결정하는 핵심 원리이다. 강화 스케줄에는 '지속적 강화'와 '간헐적 강화'가 있다.

① 지속적 강화 | 처음에는 매번 보상이 필요해요

훈련 초기에 사용하는 방식으로, 올바른 행동을 할 때마다 보상을 제공한다. 예를 들어 "앉아!"를 시켰을 때 '앉기만 하면 매번 간식을 주는 것'이다. 이렇게 하면 반려견은 아주 빠르게 '앉기 = 간식'이라는 연결을 학습한다.

실제로 반려견 학교에서 처음 훈련이 시작되면, 모든 명령어에 대해 지속적 강화부터 적용한다. "앉아!" 한 번에 간식 하나, "엎드려!" 한 번에 간식 하나. 반려견은 즉각적인 보상을 통해 자신이 어떤 행동을 해야 할지 금방 이해하게 된다.

하지만 단점도 있다. 간식이 없거나 보상이 갑자기 사라지면 행동도 함께 사라지는 경우가 많다. 그래서 이 시기는 '기초 개념 형성'에만 쓰고, 이후엔 점차 다른 방식으로 넘어가야 한다.

② 간헐적 강화 | 이제는 가끔씩 주는 게 더 효과적이에요

기본 행동을 학습한 후에는 매번 보상하지 않아도 된다. 오히려 가끔 주는 게 학습을 더 단단히 굳히는 데 도움이 되기 때문이다. 여기에는 4가지 주요 방식이 있다.

- 고정 비율 Fixed Ratio: 일정 횟수마다 보상
  - 예 "앉아!" 3번마다 간식 1개
- 변동 비율 Variable Ratio: 랜덤
  - 예 2번 혹은 5번마다 간식 1개. 카지노 슬롯머신처럼 계속 도전하게 만드는 방식
- 고정 간격 Fixed Interval: 일정한 시간마다 보상
  - 예 5분 간격으로 잘 따라오면 간식
- 변동 간격 Variable Interval: 시간 간격도 랜덤
  - 예 2~10분 사이 불규칙하게 보상

반려견 학교에서도 훈련이 어느 정도 진전된 후에는 이런 간헐적 강화를 적용한다. 이건 도박과 비슷한 원리다. 슬롯머신은 매번 보상을 주지 않지만, 간헐적으로 보상이 나오는 기대감이 행동을 유지하게 만든다.

반려견도 마찬가지다. 적절한 간격으로, 예측 불가능한 보상이 주어질 때 행동은 더 강하게 유지된다. 예를 들어, "앉아!"를 3번 수행한 뒤 간식을 주거나, 5분 간격으로 훈련을 반복하며 특정 행동을 하면 보상하는 식이다. 이 단계에서 반려견은 '지금은 안 줬지만, 언젠가는

줄 거야.'라는 기대감을 안고 꾸준히 행동을 유지하게 된다. 이게 바로 훈련이 '습관'으로 전환되는 지점인 것이다.

실력 있는 훈련사는 이 과정을 단계별로 아주 정교하게 계획한다. 그래서 반려견이 훈련사의 말은 기가 막히게 잘 따르는 것이다. 반면 보호자들은 종종 간식을 계속 주다가 갑자기 중단하고, 간식을 들고 있지 않으면 훈련을 하지 않으려는 반려견을 보며 당황한다. 그러곤 이렇게 묻는다. "왜 우리 집에선 안 되던 게, 반려견 학교에선 이렇게 잘 되죠?"

그 이유는 바로 여기에 있다. 훈련사는 정확한 타이밍에 적절한 강화 스케줄을 적용하고, 보호자는 그 원리를 잘 모르고 보상하기 때문이다.

보호자는 간식을 손에 들고 있을 때만 훈련을 시도하는 경우가 많다. 이런 방식은 반려견이 간식에만 집중하게 하고, 환경이 바뀌거나 보상이 없으면 바로 무너지게 한다. 반면 훈련사는 처음엔 지속적 강화로 개념을 알려주고, 그다음엔 고정 비율과 변동 비율을 적용해 기대감을 유지하며, 마지막엔 고정 간격과 변동 간격으로 훈련을 습관화한다.

강화 스케줄은 훈련의 리듬이다

강화 스케줄의 원리를 잘 이해하면, 보호자들은 '보상의 타이밍'으로 반려견의 행동을 조율할 수 있다. 훈련이 어느 정도 진행된 이후 너무 자주 보상을 주면 간식 없이는 안 하게 되고, 너무 뜸하면 동기부여가 떨어진다. 그 중간을 찾는 게 핵심이다.

그리고 무엇보다, 반려견의 성향에 맞춰 스케줄을 조절하는 유연함도 중요하다. 어떤 아이는 고정된 간격을 좋아하고, 어떤 아이는 무작위 보상에 더 집중하기도 한다. 간식 외에도 칭찬, 장난감, 놀이 등 다양한 보상 수단을 활용하면 훈련이 훨씬 풍성해지고 즐거워진다.

강화 스케줄은 단순히 '재미를 주기 위해' 존재하는 것이 아니다. 이는 '학습된 행동을 생활 속에 자연스럽게 녹여내는 습관화'를 위한 가장 강력한 심리학적 전략이다.

<u>훈련의 시작은 간식에서 출발하지만, 훈련의 완성은 간식 없이도 자연스럽게 행동이 이어지는 그 순간이다.</u>

행동을 유지하는 건 반복이며, 사라지게 만드는 건 무관심이다. 반려견과의 훈련은 단순히 행동을 만들고 없애는 과정이 아니다. 행동이 만들어지기까지의 과정에는 감정과 신뢰, 타이밍과 반복이 모두 얽혀 있다.

한때 잘하던 행동이 사라졌다고 실망할 필요는 없다. 그 행동이 왜 사라졌는지를 이해하고, 다시 한번 보상과 관심, 그리고 칭찬을 적절히 제공하면 충분히 되살릴 수 있다.

그리고 문제행동을 없애고 싶다면, 때로는 반응하지 않는 것이 최고의 훈련일 수도 있다. 무시와 일관된 태도, 그리고 긍정적인 대체 행동을 유도하는 것이야말로 진짜 훈련의 힘이다.

반려견은 자기가 왜 칭찬받았는지를 정확히 기억한다. 보상이 멈추면 행동도 멈춘다. 하지만 보상의 타이밍과 방식이 적절하다면, 한 번 배운 행동은 평생 지속될 수도 있다. 결국 훈련은 '기억'의 예술이며, '지속'의 기술이다.

3장

반려견을 사랑한다면 이것만은 알고 있자

반려견과의 약속

반려견을 가족으로 맞이하는 순간, 우리는 아주 중요한 약속을 하나 하게 된다. 그것은 단순히 "평생 사랑할게."라는 감정적인 다짐이 아니라, 책임과 이해, 그리고 끊임없는 배움에 대한 약속이다.

처음 반려견을 집으로 데려올 때, 누구나 설레고 기대에 부풀어 이런 생각을 한다. '우리 아이는 세상에서 제일 착할 거야.', '반려견이 우리 집에 온 순간부터 정말 행복한 일상이 될 거야.' 하지만 시간이 지나면서 현실은 다르게 다가온다. 배변 실수, 물건 물어뜯기, 짖음, 산책 거부 등…. 다양한 문제 상황 앞에서 처음의 다짐은 점점 희미해진다.

나는 이런 질문을 자주 받는다. "선생님, 왜 우리 개는 이렇게 사고를 많이 쳐요?" 그럴 때마다 나는 되묻는다.

"당신은 반려견과 어떤 약속을 했나요?"

반려견과의 관계는 단순한 소유물에 대한 관리가 아니라, 살아있는 생명과 맺는 약속이다. 그 약속은 보호자가 지켜야 할 기본적인 책임들을 포함한다.

첫째, 일관성 있는 태도로 대하라

반려견은 보호자의 말보다 태도를 먼저 읽는다. 어떤 날은 허용하고 어떤 날은 혼내는 식으로 일관성이 없으면, 반려견은 혼란을 느끼고 무엇이 옳은지 알지 못한다. 훈련은 매일, 같은 규칙을 유지하는 것에서 시작된다.

둘째, 짜증이나 화난 감정보다 차분함을 유지하라

반려견이 실수했을 때 화를 내기보다, 무엇을 가르쳐야 할지 생각해야 한다. 감정적인 반응은 순간적인 배출일 뿐, 반려견에게는 아무런 학습이 되지 않는다. 우리는 흥분하고 화내는 대신, 차분하게 가르쳐야 한다.

셋째, 반려견의 언어를 배우려고 노력하라

반려견은 말 대신 몸으로 이야기한다. 귀, 꼬리, 눈빛, 몸짓으로 보내는 수많은 신호를 읽을 수 있어야 진짜 소통이 시작된다. 반려견은 말을 하지 못하는 대신, 하루에도 수십 번 우리에게 신호를 보낸다. 그 신호를 무시하지 않고, 이해하려는 노력이 필요하다.

넷째, 충분한 시간과 관심을 주어라

반려견은 인간처럼 스스로 돌볼 수 없다. 산책, 놀이, 훈련, 건강 관리, 사회화 교육까지. 보호자가 시간을 들여 함께해 주지 않으면 정서적으로 불안정해지고 문제행동이 생길 수밖에 없다.

다섯째, 끝까지 함께하겠다는 마음을 가져라

반려견이 귀여운 시기를 지나고, 성견이 되어도, 나이가 들어도, 아파도, 변하지 않는 사랑과 책임이 필요하다. 귀찮아지고, 힘들어지고, 지친다고 해서 책임을 저버리는 것은 '진정한 반려'가 아니다.

전문 훈련사로서 수많은 반려견을 교정해 오며 훈련이 실패로 이어지는 상황을 많이 봐 왔다. 보호자들은 종종 "우리 아이는 원래 말을 안 들어요."라고 말하지만, 실제로는 훈련의 핵심이 빠져 있는 경우가 많았다. 그 핵심은 바로 '보호자의 일관성과 태도'다.

훈련장에서는 보호자가 진지하게 고개를 끄덕이며 "네, 꼭 집에서도 시키는 대로 할게요."라고 말한다. 하지만 막상 집에 돌아가면 "불쌍해서 못 하겠어요….", "애가 너무 귀여워서 마음이 약해져요…."라며 훈련 원칙을 무너뜨리는 경우가 많다. 이렇게 보호자가 스스로 기준을 무너뜨리면, 반려견은 혼란을 느끼고 훈련 효과는 사라진다.

개는 '말'보다 '일관된 행동'을 통해 배우는 동물이다. 보호자가 상황에 따라 반응이 달라지면, 반려견은 무엇이 옳은지 그른지를 구별할 수 없다. 특히 "안 돼!"라고 했던 행동을 다른 날 웃으며 넘기면, 반려견은 '이건 해도 되는 행동이구나.'라고 학습하게 된다.

결국 훈련의 실패는 반려견의 문제가 아니라, 보호자가 명확한 기준을 세우지 못한 결과인 경우가 많다.

또 하나 중요한 점은 감정이다. 훈련하다가 잘 안 되는 순간, 보호자가 화를 내거나 체벌을 통해 문제를 해결하려고 한다면 이는 오히려 반려견의 심리적 불안과 스트레스를 가중한다. 물론, 공격성이나 위급한 상황에서는 단호한 제지가 필요할 수 있다. 하지만 이는 침착하고 정확한 타이밍의 단호함이어야지, 화난 감정이 실린 체벌이어서는 안 된다.

진짜 훈련은 훈련장이 아닌 '집'에서, 보호자의 손으로 이루어져야 한다. 훈련사가 없는 자리에서도 반려견이 안정된 행동을 유지하기 위해서는 순간의 감정보다는 일관된 신뢰를 보여줘야 한다.

이 책을 읽고 있는 보호자들에게 꼭 전하고 싶은 것이 있다. 반려견 교육은 훈련사 혼자 만들어 낼 수 없다. 보호자가 삶 속에서 직접 실천할 때 비로소 그 교육은 '완성'된다. 그러니 "우리 아이는 안 되는 것 같아요."라고 말하기 전에, '내가 오늘도 같은 방식으로, 같은 태도로 훈련하고 있었는가?'를 먼저 돌아봐야 한다.

'훈련의 성공은 반려견의 지능이 아니라, 반려견을 가르치는 사람의 손에 달려 있다'라는 것을 잊으면 안 된다.

그리고 가족 전체의 통일된 태도도 중요하다. 반려견 교육에서 가장 많은 보호자가 실수하는 지점이 바로 '가족의 일관적인 태도'이다.

엄마는 긍정적인 행동 후에 간식을 주고, 아빠는 오히려 짖을 때 간식을 주고, 딸은 간식을 주며 침대에 올라오라고 하는데 할아버지는 내려오라고 하고…. 이렇게 각자 다른 언어와 규칙을 쓰면 반려견은 혼란스러워질 수밖에 없다.

개는 '상황 맥락'보다는 '신호'에 반응하는 동물이다. 보호자마다 다른 말과 다른 손짓을 쓰면, 반려견은 '도대체 뭘 어떻게 해야 하지?' 하고 혼란을 느끼게 된다. 그러다 보니 훈련의 효과도 떨어지고, 반려견은 점점 선택을 포기하거나 제멋대로 행동하게 된다.

그래서 훈련에서 가장 중요한 원칙 중 하나가 바로 가족 간의 일관된 교육 태도이다. 하나의 명령어, 하나의 손짓, 하나의 규칙. 이 3가지가 모든 가족에게서 똑같이 적용될 때, 반려견은 명확한 기준을 갖고 행동할 수 있다. 배변 실수를 할 때도, 산책할 때도, 밥을 줄 때조차도 잘한 행동과 잘못된 행동에 대한 가족들의 기준선과 행동을 미리 의논해서 정해야 한다.

예를 들어 "기다려!"는 모두 같은 손동작과 같은 목소리 톤으로 말해야 하고, 훈련에서 보상하는 기준도 같아야 한다. 어떤 날은 앉았는데 간식을 받고, 어떤 날은 안 받고, 어떤 사람은 손으로 시키고 어떤 사람은 말로만 하면 반려견은 갈피를 못 잡게 된다.

나는 항상 보호자들에게 말한다.

"여러분은 하나의 훈련팀입니다."

훈련은 보호자 한 사람만의 몫이 아니라, 가족 전체가 하나의 목소리로 반려견에게 신호를 전달해야 하는 공동작업이다. <mark>가장 효과적인 훈련은, 가장 단순하고 가장 일관된 훈련이다.</mark>

훈련의 명확함은 반려견에게 '안정감'을 준다. 반려견은 "이건 허용되는 행동이야.", "이건 하면 안 되는 행동이야."를 빠르게 배우고, 보호자와의 관계 속에서 스스로 행동을 조절하게 된다. 그렇게 일관성을 유지하다 보면, 반려견은 어떤 상황에서도 스스로 조절할 수 있는 멋진 사회 구성원으로 성장하게 된다.

훈련은 '기술'을 가르치는 것이 아니라 '함께 사는 방식'을 배우는 방법이다. 우리 가족이 하나의 목소리로, 하나의 신호로, 하나의 규칙으로 반려견을 대할 때, 반려견은 우리가 만든 세상 안에서 가장 안정적이고 행복한 삶을 살게 된다.

하루아침에 되지 않아요

반려견 교육에서 보호자들이 가장 자주 묻는 말 중 하나는 이거다. "선생님, 이 훈련은 얼마나 걸려요? 며칠이면 되나요?" 그럴 때마다 나는 웃으며 이렇게 말한다.

"하루아침에 끝나는 훈련은 없습니다."

훈련은 단순한 명령어 암기가 아니다. 이해하고, 반복하고, 습관이 되는 과정이 필요하다. 인간도 새로운 습관을 만들려면 몇 주, 때로는 몇 달이 걸린다. 하물며 말도 하지 못하고, 오직 몸으로 배우는 반려견에게는 더 많은 시간이 필요한 법이다.

훈련의 첫 단계는 '이해'다. 처음 "앉아!"를 가르칠 때, 반려견은 그 단어의 뜻을 전혀 모른다. 우연히 앉은 순간 간식과 칭찬이 따라오면, '이렇게 하면 뭔가 좋은 일이 생기는구나.' 정도로 경험할 뿐이다. 즉, '이해'란 보호자가 원하는 행동이 무엇인지, 어떤 상황에서 어떤 반응을 해야 하는지를 알아차리는 첫 단계다.

이 과정은 빠를 수도, 느릴 수도 있지만, 절대 건너뛸 수 없는 기본이다.

다음은 '반복'이다. 한두 번 이해했다고 해서 행동이 바로 몸에 배는 것은 아니다. 행동은 수십 번, 수백 번 반복을 통해 몸에 새겨진다. 집 안에서는 잘하다가도 공원에서는 못하거나, 간식이 없으면 시키는 대로 하지 않는 경우가 있다면, 그건 아직 훈련이 완성되지 않았기 때문이다.

훈련은 이렇게 확장되어야 한다.

- 집 안 ⋯▶ 마당 ⋯▶ 한적한 공원 ⋯▶ 사람들이 많은 장소
- 보호자 ⋯▶ 낯선 사람
- 조용한 환경 ⋯▶ 시끄러운 환경
- 간식 있음 ⋯▶ 간식 없음

조건이 달라져도 같은 행동을 할 수 있도록, 차근차근 반복하고 연습하는 것이 핵심이다.

반려견은 반복을 통해 안정감을 느끼고, 스스로 올바른 행동을 선택하게 된다.

마지막 단계는 '습관화'다. 충분한 반복이 쌓이면, 반려견은 명령이 없어도 자연스럽게 행동한다. 마치 우리가 운전 중 깜빡이를 무의식적으로 켜듯, "앉아!"라고 말하지 않아도 보호자가 멈추면 같이 멈추고, 자극에도 흥분하지 않고 차분히 기다리는 것이다. 이것이 훈련의 궁극적인 목표다.

하지만 많은 보호자가 이 과정을 견디지 못하고 중간에 포기한다.

"어제는 잘했는데 오늘은 왜 또 안 해요?", "이 행동은 지난주에 다 배운 거 아니었나요?"

이런 조급함이 훈련을 망치는 가장 큰 원인이다.

훈련은 계단식이다. 어느 날은 잘하다가도 다시 뒤로 물러나는 것처럼 보일 수 있다.

그래서 나는 항상 보호자들에게 이렇게 말한다.

"훈련은 계단을 오르는 것과 같아요. 한 칸 오르고, 잠시 멈췄다가, 또 한 칸 오르고…, 때로는 미끄러질 수도 있지만, 결국 꼭대기에 도착하게 됩니다."

습관화란 반려견이 '해야 한다'가 아니라 '하는 게 자연스럽다'는 수준에 도달하는 것이다. 그리고 이 단계에 이르기까지는 충분한 시간과 보호자의 인내심이 필요하다.

'몇 번 하면 끝나는 거 아닌가?' 훈련에 대한 가장 큰 오해는 바로 이러한 생각이다.

TV 프로그램을 보면 훈련사의 단 한 번의 방문으로 문제를 해결하는 것처럼 보이지만, 현실은 다르다. 그건 방송용으로 만들어진 하나의 장면일 뿐이다.

실제로 자신의 반려견이 훈련을 마칠 당시와는 다르게 간식이 없으면 반응하지 않고, 다른 사람이 시키면 무시하며, 장소가 바뀌면 전혀 반응하지 않는다면 그건 여전히 '훈련 중인 단계'이다.

진짜 훈련은 보상이 없어도 행동이 유지되고, 환경이 달라져도 일관된 반응이 나오는 것, 단순히 외운 것이 아니라 '몸에 밴 습관'이 될 때 완성되는 것이다.

훈련은 시험이 아니다. 정답을 맞히고 끝나는 것이 아니라, 매일 반복하고, 지루한 날도 참고, 그렇게 일상의 일부가 되어야 한다.

기억나는 아이가 있다. 보스턴테리어 '복순이'는 너무 활동적이라 처음에는 "앉아!"라는 말에도 계속 펄쩍펄쩍 뛰었고, "이리 와~"에도 도망가기 바빴다. 복순이는 간식보다도 잔디를 뛰어다니는 게 더 신나 보였다. 보호자는 실망하며 말했다. "복순이는 머리가 나쁜가 봐요." 이에 나는 이렇게 대답했다.

"복순이는 똑똑해요. 단지 이해하고 익숙해지는 데 시간이 필요한 것뿐이에요."

그 후, 보호자와 나는 매일 짧게, 자주 훈련을 반복했다. 처음엔 "앉아!" 하나에 몇 분이 걸렸지만, 일주일 후엔 몇 초 만에 앉았고, 2주 뒤엔 손짓만으로 반응했다. 복순이는 '배운 것'이 아니라 '익숙해진 것'이었다. 그리고 3주 뒤에는 손짓만 해도 앉고, 엎드리고, 기다리는 모습까지 보여주었다. 이것이 '이해 ⋯ 반복 ⋯ 습관화'의 힘이다.

복순이는 특별히 영리한 개가 아니라, 보호자가 포기하지 않고 기다려준 덕분에 성장한 것이다.

훈련은 시간이 걸린다. 하지만 꾸준히, 차근차근해 나가면 반드시 변화를 가져온다.

"훈련이 안 되는 반려견은 없다. 아직 훈련이 완성되지 않았을 뿐이다."

이건 단순한 위로가 아니다. 모든 반려견은 배우고 성장할 수 있는 능력을 갖추고 있다.

결국, 중요한 건 보호자가 그 시간을 얼마나 견뎌낼 수 있느냐이다. 수영도, 악기 연주도 처음엔 모두 서툴다. 반려견 훈련도 마찬가지다. 이해하고, 반복하고, 습관화되는 그 긴 여정을 함께 걸어줄 때, 반려견은 말보다 깊은 신뢰로 우리에게 답해 줄 것이다.

훈련마다 방법도 다릅니다

훈련을 시작하면 보호자들은 이런 질문을 꼭 하곤 한다. "선생님, 어떤 방법이 제일 좋은가요?", "간식을 안 먹는데 다른 방법이 있나요?", "충격 목줄을 쓰면 효과가 빠르다는데 써야 할까요?" 이런 질문을 받을 때마다 나는 이렇게 말한다.

"훈련에 정답은 없습니다. 모든 개가 다르고, 모든 상황이 다릅니다."

보호자들은 '어떤 방식이 정답일까?'를 늘 고민하지만, 훈련에서 가장 중요한 건 '방법의 옳고 그름'이 아니라, '상황과 개별성'이다.
모든 반려견이 같지 않듯, 모든 상황에서 똑같은 훈련방법이 효과적이지 않기 때문이다.
"앉아!" 하나만 가르칠 때도 훈련방법은 무척 다양하다. 중요한 건,

반려견의 성격과 상황에 따라 가장 적합한 방식을 선택하는 것이다.

충격 훈련 | 제일 빠른 방법이지만 감정적 상처가 남는다

'충격 훈련'은 잘못된 행동을 할 때 불쾌한 자극을 주고, 올바른 행동을 했을 때 불편함이 사라지게 하여 훈련하고자 하는 행동을 유도하는 방식이다. 예를 들어 산책할 때 반려견이 리드 줄을 끌면 목줄을 순간적으로 확 잡아당기거나, 충격 목줄을 사용해 행동을 통제하는 식이다.

"앉아!"를 가르칠 때도 마찬가지다. "앉아!"라고 말했는데 반려견이 반응을 보이지 않으면 리드 줄을 당겨 목에 충격을 주어 명령을 알려주는 것이다.

이 방법은 즉각적인 효과를 볼 수 있다. 하지만 반드시 기억해야 할 게 있다. 충격 훈련은 반려견에게 감정적인 상처를 남긴다는 것이다. 반복되거나 과하게 사용하면 반려견은 공포를 느끼고, 방어적 공격성을 보이거나 보호자에 대한 신뢰를 잃을 수 있다. 그러니 도로로 뛰어들려 할 때, 다른 개에게 달려들려 할 때처럼 긴급한 상황에서만 사용해야 한다.

그래서 나는 항상 강조한다.

"충격 훈련은 난도는 낮지만, 리스크는 높다."

공포로 행동을 억제하는 방식은 오래 가지 못하고, 결국 다른 문제 행동으로 바뀔 위험이 있다. 훈련은 감정의 분출이 아니라, 상황을 통제하고 반려견에게 명확한 기준을 알려주는 과정이어야 한다.

먹이 훈련 | 즐겁고 안전한 기본 방식

'먹이 훈련'은 반려견이 좋아하는 간식을 이용해 원하는 행동을 강화하는 방법이다. "앉아!"를 하면 바로 간식을 주고, "기다려!"를 하면 칭찬과 보상을 주는 식이다.

이 방법의 장점은 명확하다. 반려견이 훈련을 즐겁게 느끼고, 보호자와의 유대감도 강화된다. 스트레스 없이 훈련할 수 있고, 학습 효과도 길게 유지된다.

하지만 주의할 점도 있다. 간식이 있을 때만 행동하는 아이가 되지 않게 해야 한다는 것. 훈련이 어느 정도 진행되면 간식 없이도 행동을 유지할 수 있도록 보상의 빈도와 방식을 점진적으로 조정해야 한다.

먹이 훈련은 잘 쓰면 최고의 방법이다. 단, 간식만 믿고 훈련을 이어가면 나중에 스스로 행동하는 능력이 약해질 수 있다.

물욕 훈련 | 몰입감을 높여주는 최고의 난도

'물욕 훈련'은 반려견이 좋아하는 장난감, 특히 공이나 터그 놀이를 위한 장난감 같은 것을 보상으로 활용하는 방법이다. 특히 활력이 넘치고 맡은 일을 열심히 하는 아이들에게 효과적이다.

경찰견, 탐지견, 구조견들이 이 방법으로 훈련된다. 냄새를 찾거나 복잡한 명령을 수행할 때 훈련용 공을 얻기 위해 집중하고 몰입하는 것이다.

물욕 훈련은 스트레스를 주지 않으면서도 반려견 스스로 훈련에 몰입하게 만든다. 다만, 초기에는 장난감에 대한 흥미를 충분히 키워야 하고, 보호자도 몰입을 유도하는 기술이 필요하다. 그래서 일반 보호자보다는 전문 훈련사들이 많이 사용하는 방식이다.

훈련할 때 꼭 한 가지 방법만 고집할 필요는 없다. 오히려 상황에 따라 적절히 조합하는 것이 더 좋은 결과를 만든다. 예를 들면, 산책 중 리드 줄을 당기면 살짝 제어(충격 훈련)하고, 보호자 옆에 오면 간식과 칭찬(먹이 훈련)으로 마무리하는 식이다.

충격 훈련이 나쁜 훈련방법도, 쓰면 안 되는 방법도 아니다. 요즘은 목줄을 당겨서 충격을 주는 훈련을 하면 일부 보호자들이 자신의 반려견을 학대한다고 항의하는 경우도 있다. 하지만 반려견들끼리 싸울 때나 사람을 공격할 때, 가만히 지켜볼 수만은 없다. 실제로 무조건 혼내지 않는 교육만을 주장하던 일부 훈련사들은 사나운 개나 큰 개를 통제하지 못해 문제가 되기도 했다. 유의할 것은 훈련의 방법론을 이해하고 적절한 상황에 사용할 수 있는 연습이다.

나는 훈련을 통해 깨달았다. 무조건 긍정 강화로만 모든 반려견을 교육할 수는 없다. 특히 사납고 사람을 무는 반려견은 약한 모습의 보호자에게 공격성을 드러내기도 한다. 그래서 충격이나 제지를 할 때 훈련사가 감정 없이 필요한 만큼만 통제하는 것이 핵심이다.

또 활동성이 높은 반려견이라면, 놀이를 통한 몰입(물욕 훈련)으로 집중력을 높인 후, 기본 복종 훈련(먹이 훈련)으로 안정성을 강화하는 것도 좋은 방법이다.

중요한 건 반려견에 대한 존중이다. 어떤 방식이든, 반려견의 성격과 감정을 존중하며 접근해야 한다. 충격 훈련이 빠르다고 해서 무작정 사용하는 것도, 간식으로만 모든 걸 해결하려는 것도 위험하다.

훈련은 반려견과 보호자 사이의 신뢰를 쌓는 과정이다. '어떻게 가르칠까?'보다 '어떻게 이해시킬까?'를 고민하는 사람, 그런 사람이 진짜 좋은 훈련사이자 좋은 보호자다.

훈련 방식은 기술이 아니라, 반려견과 보호자의 관계를 만드는 선택이다.

그 선택이 현명할수록, 그 훈련의 '완성도'는 달라진다.

반려견에게
가장 먼저 알려줘야 할 것들

반려견을 분양받아 집에 오면 대부분의 보호자가 "앉아!", "기다려!"와 같은 명령어를 먼저 가르치려 한다. 그리고 곧바로 이런 질문을 한다. "'빵!'은 어떻게 가르치나요?", "'코'는 몇 번 하면 배워요?" 혹은 어떤 사람은 훈련을 '기술'처럼 여기기도 한다.

"간식만 주면 되는 거 아니에요?", "유튜브 보니까 바로 훈련하던데요?"

하지만 진짜 훈련의 출발점은 '관계'이고 명령을 가르치기 전에 해야 할 일은 먼저 신뢰를 쌓는 것이다. 그래서 나는 항상 이렇게 말한다.

"훈련의 시작은 기술이 아니라 관계 맺음입니다."

반려견과 보호자가 함께 살아가는 모든 과정은 '관계'에서 시작된다. 관계가 없다면, 가족도, 훈련도 존재할 수 없다. 반려견은 누군가의 명령을 기계처럼 따라 하는 존재가 아니다. 서로 신뢰하고, 소통하고, 감정을 공유해야 비로소 '훈련'이 시작된다. 그러니 명령어를 가르치기 전에, 먼저 마음을 열어야 한다. 복종을 기대하기 전에, 먼저 신뢰를 쌓아야 한다.

그렇기에 진짜 훈련의 첫걸음은 "앉아!"도, "기다려!"도 아니다. 가장 먼저 해야 할 것은 '친화 훈련', 즉 반려견이 나를 믿고 편안하게 다가올 수 있도록 만드는 것이다. 그런 다음 이름을 부르고, "안돼!"와 "옳지!"라는 기본 언어로 경계와 방향을 알려준다.

이 세 가지, 이름을 지어주고, 친해지고, 옳고 그름의 경계를 알려주는 것. 이것이 제대로 쌓여야만 그다음 "앉아!", "기다려!", "가져와!" 같은 복잡한 훈련이 가능하다.

반려견과의 행복한 생활은 마법처럼 단번에 이루어지지 않는다. 가장 단순하고 기본적인 것부터, 하나씩 쌓아가는 과정이 필요하다.

친화 훈련 | 낯선 사이에서 신뢰의 관계로

반려견 훈련에서 가장 먼저 해야 하는 일은 명령어 교육도, 문제행동 교정도 아니다. 가장 중요한 첫걸음은 바로 '친해지기'이다.

우리는 이것을 '친화'라고 부르며, 심리학에서는 '라포 형성'이라는 개념으로 설명하기도 한다. 쉽게 말해, 반려견과 보호자(또는 훈련사)가 서로를 편안하게 받아들이고 신뢰하는 관계를 만드는 것이다.

나는 반려견 학교에서 수많은 반려견을 만난다. 오랜 경험과 기술을 가지고 있어도 훈련을 시작하기 전에 반드시 먼저 하는 일이 있다.

바로 '친해지는 시간'을 갖는 것이다. 보통 한 달 이상의 시간을 투자하고, 훈련이 진행된 후로도 친화는 계속된다.

반려견 학교에 방문하는 보호자 중 처음부터 나에게 반려견의 목줄을 넘기며 "훈련 좀 시켜주세요."라고 말하는 경우가 있다. 하지만 나는 선뜻 넘겨받지 않고, 먼저 보호자에게 줄을 잡게 한 채, 함께 산책하듯 천천히 걸으며 반려견의 행동을 관찰한다. 이 과정에서 보호자와 대화를 나누며 반려견의 성향, 과거 경험, 보호자의 훈련 목적과 기대 등을 파악한다. 이렇게 해서 훈련의 방향과 방법, 예상 소요 기간 등을 계획한다.

이러한 접근이 필요한 이유는 단순하다. 처음 보는 반려견을 갑자기 훈련하거나 통제하려 하면, 대부분은 위축되거나 방어적으로 반응한다. 반려견의 관점에서 나는 그저 낯선 사람일 뿐이고, 모르는 사람이 다가와 뭔가를 시키면 당연히 경계심과 불안을 느낄 수밖에 없다. 사람도 낯선 이가 갑자기 명령하거나 가르치려 들면 불쾌감을 느끼듯, 반려견도 마찬가지다.

요즘은 유튜브나 방송 프로그램 속 훈련 장면들의 영향으로, 일부 보호자들이 '전문가라면 한 번에 개를 통제할 수 있어야 한다'라는 오해를 갖기도 한다. 실제로 방송에서는 훈련사가 줄을 잡자마자 개가 얌전해지는 모습이 종종 나온다. 하지만 이는 방송을 위한 연출이거나, 일시적인 억제 반응일 가능성이 높다. 낯선 훈련사 앞에서 개가 얼어붙는 건 '훈련된 것'이 아니라 '위축된 것'일 수 있다. 그리고 이런 상황이 반복되면 개는 더 큰 스트레스를 안게 되고, 사람에 대한 경계심은 더 심해질 수 있다.

그래서 나는 항상 훈련의 시작은 '신뢰 형성'이라고 강조한다. 낯선 환경에서 낯선 사람과 함께 차분히 시간을 보내는 것부터 시작한다. 이름을 부르며 천천히 다가가고, 간식을 주고 기다려주며, 억지로 만지거나 안지 않고 아이가 먼저 다가올 수 있도록 배려한다. 이런 경험이 쌓이면 반려견은 '이 사람은 안전하다.', '이 공간은 괜찮다.'라고 느끼게 된다.

이 친화 훈련은 보호자와 반려견 사이에서도 똑같이 중요하다. 특히 입양 초기, 구조된 개, 혹은 트라우마가 있는 반려견의 경우, 제대로 친화적 분위기가 형성되어 있지 않으면 그 어떤 훈련도 진전을 보이기 어렵다. 반려견이 보호자를 신뢰하지 않으면 명령어도, 훈련도, 훈육도 전혀 효과를 보지 못한다. 하지만 친화가 잘 이루어진 보호자와의 관계에서는 훈련의 흡수력이 훨씬 좋아진다. 두려움 대신 기대감이 생기고, 불안 대신 안정감이 형성되기 때문이다.

친화 훈련은 훈련 이전의 과정이자, 훈련 전체를 지탱하는 가장 기초적인 토대다. 이 과정을 건너뛰면 아무리 좋은 훈련 기법도 효과를 보기 어렵다. 그래서 나는 항상 이렇게 말한다.

"훈련은 통제가 아니라 관계로 시작되어야 합니다."

반려견과 함께 걷고, 바라보고, 먹이고, 기다려주는 시간. 그렇게 만들어진 신뢰는 그 어떤 기술보다 오래가고, 깊게 작용한다. 친화 훈련은 단순히 '잘 지내는 것'이 아니라, 반려견에게 "너는 이곳에서 안전해.", "나는 너를 믿고 기다릴게."라는 가장 강력한 신호를 보내는 행위다.

이름 훈련 | 이름을 부르면 달려오는 아이로

반려견을 처음 분양받으면 제일 먼저 하는 일은 '이름을 지어주는 것'이다. 그리고 그 이름은 단순한 호칭이 아니라, 반려견과 보호자를 이어주는 멋진 연결선이 된다. 이름은 평생 함께할 약속이자, 훈련의 시작점이기도 하다. 그래서 나는 <u>'이름을 부르면 달려오는 아이'로 만드는 것이 반려견 교육의 가장 기초이며, 동시에 가장 중요한 부분</u>이라고 강조한다. 이름은 반려견이 세상에서 처음으로 자기 자신을 인식하는 방법이다.

하지만 이름을 부른다고 바로 반응하는 것은 아니다. 이름이 '좋은 일'과 연결되어야만 반려견은 '이름을 듣는 것이 즐겁고 기대되는 일'이라는 걸 배우게 된다.

예를 들어, "보리야!" 하고 부른 다음 간식을 주거나 함께 놀아주는 방식으로, 이름을 부르는 소리가 곧 행복한 경험으로 이어지게 만들어야 한다.

주의할 점도 있다. 이름은 절대 혼내기 전에 부르면 안 된다. "보리야!" 하고 불러놓고는 바로 목욕을 시키거나, 억지로 집에 끌고 간 적이 있다면, 반려견은 '이름 = 싫은 일'로 기억하게 된다. 그런 상황이 반복되면 이름을 듣고 도망가거나, 아예 반응하지 않게 될 수 있다.

처음 이름 훈련을 할 때는 조용한 공간에서 시작하는 것이 좋다. 이름을 부르고, 반려견이 바라보는 그 짧은 순간을 절대 놓치지 말고, "잘했어!" 하며 바로 간식이나 칭찬을 해줘야 한다. 이름을 듣고 고개를 돌리기만 해도 성공이다.

이 작은 성공이 하나하나 쌓이면, 반려견의 머릿속에는 '이름 = 좋은 일'이라는 학습이 형성된다. 이름 훈련이 잘된 반려견은 낯선 사람들로 가득한 공원에서도, 다양한 자극이 넘치는 거리에서도 보호자의 목소리에 귀를 기울인다. 그것은 단지 복종이 아니라, 보호자와 반려견 사이에 쌓인 신뢰의 힘이다. 우리는 그 이름을 통해 서로를 더 자주 부르고, 더 많이 마주 보고, 더 깊이 연결되게 된다.

'안돼!'와 '옳지!' 훈련 | 함께 살아가기 위한 옳고 그름의 기준

반려견을 처음 키우기 시작하면 대부분이 '무엇을 가르쳐야 할까?'를 가장 처음 고민한다. 이럴 때 나는 단연코 말한다. 이름 다음으로 꼭 가르쳐야 할 두 가지 단어는 바로 "안돼!"와 "옳지!(칭찬)"이다. 이 두 단어는 반려견과 보호자 사이의 기본 대화법이다. 자신의 자녀가 아직 분별력을 갖추지 못했을 때 먼저 "안 돼! 그건 위험해.", "잘했어, 그렇게 하는 거야."라는 걸 가장 먼저 알려주듯이, 반려견에게도 허용과 금지의 경계를 명확하게 알려주는 말이 필요하다.

내가 말하는 "안돼!"는 단순히 특정 행동을 멈추게 하는 명령이 아니다. 그것은 보호자가 "나는 지금 이 행동이 마음에 들지 않아.", "이건 하면 안 되는 행동이야."라는 신호를 반려견에게 보내는 방식이다. 예를 들어, 반려견이 소파를 물어뜯을 때 "안돼!" 한 마디로도 충분히 의사를 전달할 수 있다. 중요한 것은 이 말이 언제나 일관되게 사용되어야 한다는 점이다.

"안돼!"는 훈련된 상황뿐만 아니라, 처음 겪는 낯선 상황에서도 유용하게 작동한다. 반려견이 한 번도 본 적 없는 물건에 집착하거나, 낯선 환경에서 예상치 못한 행동을 할 때도 "안돼!"라는 단어를 들으면 '아, 이건 보호자가 싫어하는 행동이구나.', '이건 하면 안 되는 거구나.'라고 인식하게 된다. 이는 단순히 단어 하나를 반복한 결과가 아니라, 일관된 행동, 그리고 상황에 대한 연결 학습을 통해 만들어진 인지 능력이다.

반대로 "옳지!"라는 칭찬은 반려견에게 "지금 네가 한 행동이 보호자가 원하는 행동이야.", "계속 그렇게 해도 괜찮아.", "이건 허용된 행동이야."라는 신호를 주는 것이다. 반려견은 좋은 행동과 나쁜 행동을 구분하지 못한다. 그런데 보호자가 "옳지! 잘했어!"라고 기분 좋게 반응해 주면, 그 순간 그 행동이 환영받는 행동이라는 걸 직관적으로 이해하게 된다.

훈련사로서 나는 항상 이 두 단어의 힘을 강조한다. 이름을 부르면 달려오게 하기 위해서도, "앉아!", "기다려!" 같은 명령을 가르치기 위해서도, "안돼!"와 "옳지!"는 모든 훈련의 뿌리가 된다. 이름은 반려견을 나에게 향하게 하고, "안돼!"는 경계를 정해 주며, "옳지!"는 올바른 방향을 만들어준다.

이때 한 가지 꼭 기억해야 할 점이 있다. "안돼!"와 "옳지!"는 모두 즉시 사용되어야 한다. 반려견은 시간 차가 생기면 자신의 어떤 행동에 보호자가 반응했는지 인지하지 못한다. 소파를 물어뜯고 난 뒤 10초 후에 "안돼!"를 외치면, 그 말은 단순히 혼나는 소리로 들릴 뿐, 어떤 행동에 대한 피드백인지 연결되지 않는다. 반려견이 잘한 순간, 바로 "옳지!"라고 하고, 실수한 순간에는 즉시 "안돼!"라고 말해야 의미 있는 학습이 이루어진다.

그리고 무엇보다, "안돼!"라는 말은 짜증이나 화난 감정이 섞인 꾸짖음이 아니라, 차분하고 단호한 교육적 표현이어야 한다. 반려견이 무서워 멈추는 것이 아니라, '이 행동은 하면 안 되는구나.'라는 인지를 스스로 하도록 도와주는 것이 훈련의 목표이다.

'이름', '안돼', '옳지'. 이 세 가지 단어만 제대로 써도 훈련의 절반은 성공했다고 해도 과언이 아니다. 가장 기본 같지만, 가장 강력한 이 언어부터 다시 시작해 보자. 반려견과의 삶이 분명 달라질 것이다.

훈련은 통제가 아니라 이해를 위한 언어 만들기

'친화 훈련'으로 신뢰를 쌓고, '이름 훈련'으로 서로를 부르고 응답하게 하고, "안돼!"와 "옳지!"로 행동의 경계를 만들어준다. 이 세 가지는 단순한 기술이 아니다.

반려견과 보호자가 평생 사용하는 '대화의 언어'를 만드는 과정이다. 훈련은 명령어를 외우게 하는 것이 목표가 아니다. 훈련은 서로를 이해하고, 존중하고, 함께 살아가는 방식을 만들어가는 여정이다. 이름을 부르면 달려오고, "안돼!"를 들으면 멈추고, "옳지!"를 들으면 자신감을 얻는 것. 이 모든 건 반려견이 단순히 명령을 수행하는 로봇처럼 행동하는 게 아니라, 세상 속에서 보호자와 함께 살아가는 법을 배우는 과정이다.

'진짜 교육'이란, 단순한 행동 수정이 아니다. 이는 서로를 알아가고, 서로를 신뢰하는 과정이고, 그 안에서 자연스럽게 만들어지는 하나의 문화이자 관계다.

훈련은 가족이 되는 방법을 배우는 일이다. 신뢰가 없는 통제는 불안과 갈등만 남긴다. 하지만 신뢰를 바탕으로 한 통세는 안정과 자유를 만들어 낸다. <mark>반려견이 보호자를 바라볼 때 느끼는 감정, 보호자가 반려견을 부를 때 느끼는 감정, 그 작은 감정의 연결이 쌓여서 우리는 비로소 '가족'이 된다.</mark>

그리고 이 기본이 단단히 자리 잡았을 때, 앞으로 겪게 될 모든 훈련과 일상은 훨씬 더 부드럽고 자연스럽게 이어질 것이다.

다시 한번 기억하자. '훈련'이란, '시키는 대로 하게 만드는 것'이 아니라, '함께 살아가는 방식을 서로 배워가는 것'이다. 그리고 그 시작은 아주 단순하다. 친해지는 것, 이름을 부르는 것, 그리고 서로의 경계를 존중하는 것.

반려견과 보호자가 나누는 가장 첫 번째 대화. 그 작은 시작이 앞으로의 모든 훈련, 모든 관계, 모든 인생을 바꿔놓는다.

사랑만으로는 부족해요

"시간이 지나면 괜찮아질 줄 알았어요.", "아직 어려서 그런 줄 알았죠."

반려견 학교에 오는 보호자 중 많은 분이 이런 말을 한다. 하지만 아쉽게도, 반려견의 행동은 시간이 지난다고 저절로 바뀌지 않는다. 오히려 시간이 지날수록 문제행동은 더 깊이 자리 잡는다. 물고, 짖고, 점프하고, 신발을 숨기고, 가구를 뜯는 행동들. 강아지 때는 귀엽게 보이던 것들이 성견이 되면서 일상의 스트레스로 바뀐다.

시간이 하는 일은 '신체의 성장'이지 '학습'이 아니다. 몸은 자라지만, 행동은 오직 훈련을 통해서만 바뀔 수 있다. 사람도 마찬가지다. 아이들이 크면서 신체는 저절로 성장하지만, 예절이나 규칙은 배워야만 몸에 밴다. 반려견도 사랑만으로는 행동이 바뀌지 않는다. 교육이 반드시 필요하다.

반려견 훈련은 언제 시작하느냐에 따라 그 효과가 크게 달라진다. 어릴 때부터 올바르게 기본적인 훈련을 받은 반려견은 성견이 되어서도 안정적이고 균형 잡힌 행동을 보인다. 반대로 문제행동이 굳어지고 나면, 고치는 데 훨씬 더 많은 시간과 노력이 필요하다.

그래서 나는 항상 이렇게 강조한다.

"아이가 배우기 전에 가르치는 것이 아니라, 배울 수 있을 때 제대로 가르쳐야 합니다."

성장 과정마다 반려견의 발달 특성과 심리적 변화가 다르기 때문이다. 그 시기를 정확히 이해하고, 그에 맞는 방법을 선택하는 것. 그것이 바로 좋은 보호자의 시작이다.

그러나 잘못된 훈련은 아무것도 가르치지 않는 것보다 더 위험하다.

"배변을 잘못해서 혼냈는데, 그다음부터는 몰래 숨어서 싸요.", "친구를 만들라고 놀이터에 데려갔더니, 오히려 겁을 먹고 다른 개만 보면 도망가요."

보호자라면 한 번쯤 겪어봤을 일들이다. 문제는, '의도하지 않은 학습'도 '학습'이 되어버린다는 점이다. 배변 실수 후 혼났던 아이는 '배변을 하면 혼난다'라고 기억해 버린다. 그래서 몰래 숨어서 배변하고, 보호자를 피하게 된다. 낯선 개들에게 무서운 경험을 당한 아이는, 그 기억 때문에 다른 개만 봐도 긴장하고 으르렁댄다.

<u>훈련은 '무조건 시키는 것'이 아니다. '좋은 경험'을 어떻게 만들어줄지가 핵심이다.</u>

잘못된 방식은 반려견의 마음에 상처를 남기고, 그 상처는 문제행동으로 드러난다. 그래서 훈련은 방법, 타이밍, 보호자의 태도, 이 세 가지가 정말 중요하다.

"솔직히, 반려견 훈련은 개가 배우는 거 아닌가요?" 많은 보호자가 이렇게 묻는다. 하지만 사실 반려견 교육은, 반려견보다 보호자가 먼저 배워야 하는 일이다. 개는 우리가 생각하는 것보다 훨씬 높은 학습 능력을 갖춘 동물이다. 그 능력을 제대로 끌어낼 수 있느냐는 전적으로 보호자의 손에 달려 있다.

감정적으로 반응하지 않고, 행동의 원인을 분석하며, 올바른 행동을 반복해서 강화해 줄 수 있는 능력. 이것은 단순한 감이나 경험만으로 되는 일이 아니다. 기본적인 학습 이론과 반려견의 심리적 특성에 관한 공부와 이해가 필수적이다. 집에서 배운 "기다려!"라는 명령을 공원처럼 복잡하고 자극이 많은 환경에서도 똑같이 수행하게 만드는 전이 학습, 다른 사람의 명령에는 반응하지 않도록 하는 변별화, 무서워하던 드라이기 소리를 긍정적 경험과 연결해 두려움을 없애는 역조건화. 이와 같은 이론을 알고 적용한다면 훈련은 훨씬 쉬워지고, 반려견의 반응도 더 빠르고 안정적으로 자리 잡는다.

그러니 훈련은 반려견 혼자만의 숙제가 아니다. 훈련을 통해 함께 성장하는 것은 바로 보호자 자신이다.

반려견의 행동은 대부분 감정에서 비롯된 반응이다. 산책길에서 짖는 건 두려움일 수 있고, 귀 청소를 거부하는 건 과거의 불쾌한 기억 때문일 수 있다. 문제행동이라 부르기 전에 '왜 이런 반응을 보일까?'

를 먼저 생각해 보자.

훈련은 문제를 억지로 억누르는 것이 아니라, 그 행동이 나타난 이유를 이해하고 자연스럽게 해소해 주는 과정이다. <u>반려견은 일부러 문제를 일으키지 않는다. 우리는 그들의 본능과 감정을 읽어야 한다.</u>

훈련은 반려견에게 자유를, 보호자에게 여유를 준다. "우리 개는 훈련을 안 받아서 카페에도 못 데려가요", "산책가면 리드 줄에 끌려다니느라 너무 힘들어요." 이런 하소연을 하는 보호자들의 반려견들이 훈련이 안 되어 있다는 건, 그들이 세상과 어울릴 자유를 잃었다는 뜻이다. 함께 갈 수 있는 곳이 줄어들고, 함께할 수 있는 활동이 제한된다.

반대로 훈련이 되어 있는 반려견은 공원도, 카페도, 지하철도, 어디든 보호자와 함께할 수 있다. 조용히 앉아 기다릴 수 있고, 낯선 사람 앞에서도 침착할 수 있고, 리드 줄 없이도 보호자의 목소리에 반응할 수 있다.

<u>훈련은 반려견에게 주는 진짜 '자유'이자 보호자에게 주는 '여유'이다.</u>

"어릴 땐 잘했는데, 요즘은 다시 말을 안 들어요.", "어제는 낯선 사람에게 안 하던 행동을 했어요." 가끔 이런 고민도 듣는다. 그래서 훈련은 잠깐 하고 끝나는 게 아니다. 한 번의 성공보다 유지하는 것이 훨씬 어렵다. 한때 잘 배운 행동도 반복을 멈추면 서서히 희미해지고, 그 자리를 본능적인 행동이나 새로운 잘못된 습관이 대신한다. 그래서 훈련은 일상 속에서 자연스럽게 반복되고 습관처럼 스며들어야 한다.

"그냥 사랑만으로 키우고 싶었어요.", "훈련은 뭔가 억압 같아서 싫었어요." 보호자의 이런 마음을 충분히 이해한다. 하지만 반려견에게 줄 수 있는 가장 큰 선물은 훈련이다. 또한 훈련은 사랑을 보여주는 방식이자, 그 사랑을 오래 지켜내는 방법이다.

'진짜 사랑'은 반려견이 세상을 안전하게 탐험할 수 있도록 돕는 것이다. 훈련을 통해 반려견은 이 사회와 잘 어울리고, 보호자는 반려견을 더 잘 이해할 수 있다. 그리고 그 속에서 깊은 신뢰와 유대감이 만들어진다. 결국 훈련은, 반려견의 정서적 안정을 만들고, 보호자의 삶에도 여유를 만들어주는 길이다.

일관성 있는 생활이
곧 최고의 훈련

 반려견 훈련에서 가장 쉽게 놓치는 부분이 바로 '일관성'이다. 사람은 매일 기분도 다르고 일정도 바뀌며, 상황에 따라 행동이나 말투가 달라지기도 한다. 하지만 반려견에게는 하루하루가 모두 학습의 시간이다. 그래서 보호자들은 매일 반복되는 생활패턴을 가볍게 넘기지 말고, 그것을 훈련의 중요한 일부로 활용해야 한다.

 반려견은 규칙적인 환경 속에서 훨씬 안정감을 느낀다. 아침에 일어나면 이름을 불러주고, 산책하기 전에는 "기다려!"를 시키고, 밥을 먹기 전에는 "앉아!"를 반복하는 것. 이런 단순한 일상들이 반려견에게 세상의 질서를 알려주는 반복 훈련이 된다. 한 번의 특별한 훈련보다 매일 반복되는 '같은 방식의 하루'가 훨씬 강력한 교육 효과를 준다.

 한 보호자가 나에게 이런 고민을 이야기한 적이 있다. "산책만 하면 너무 흥분해서 아무것도 안 돼요." 나는 산책할 때마다 항상 같은 방법으로 시작하는지 물었다.

"아니요. 어떤 날은 늦어서 급하게 뛰어나가고, 어떤 날은 간식으로 '앉아!'를 시키고, 차분해지면 가르쳐주신 단계별로 진행한 후 나가기도 해요."

사실 많은 문제행동은 이렇게 '일관성 없는 생활'에서 비롯된다. 개는 상황을 기억하고 패턴을 학습하는 동물이기 때문이다. 산책할 때마다 보호자의 태도나 행동이 매번 달라지면, 반려견은 무엇을 어떻게 해야 할지 전혀 예측할 수 없게 된다. 그래서 결국 흥분하거나 통제가 어려운 문제행동을 반복하게 되는 것이다.

일관된 생활패턴은 반려견에게 '예측 가능성'을 선물한다. 매일 아침 보호자가 이름을 부르면 좋은 일이 생긴다는 기대감, 산책 전에 반드시 "앉아!"와 "기다려!"를 해야 문이 열린다는 규칙, 밥을 먹기 전에는 보호자와 눈을 맞추고 허락을 기다리는 습관까지. 이런 반복된 흐름이 반려견의 머릿속에 자연스럽게 자리 잡으며, 훈련이 아닌 '생활 속 습관'으로 굳어진다.

그리고 중요한 사실 하나가 더 있다. 훈련은 특별히 따로 시간을 내야 하는 것이 아니다. 하루의 모든 생활이 곧 훈련이다. 밥을 먹을 때, 산책할 때, 놀아줄 때, 심지어 잠을 잘 때조차도 우리는 반려견에게 무언가를 가르치고 있는 셈이다.

그래서 나는 늘 이렇게 강조한다.

"좋은 반려견은 훈련장이 아니라, 가정에서 만들어집니다."

하루의 일과, 보호자의 반복된 행동, 같은 말투와 일관된 반응이 가장 강력한 훈련 도구다.

훈련이 어렵게 느껴진다면, 우선 하루의 일과부터 돌아보자. 무심코 하는 행동 하나하나가 반려견에게는 신호이고, 학습이다. 그 신호가 매일 달라지면 반려견은 혼란스러울 수밖에 없다.

지금부터라도 시작해 보자. 아침엔 이름을 부르며 인사, 밥 먹기 전엔 "앉아!"와 "기다려!", 산책하기 전엔 "기다려!"와 "이리 와~", 그리고 잠자기 전엔 "옳지!"와 "하우스!". 단순하지만 반복적인 하루의 루틴이 최고의 훈련사가 되어줄 것이다.

· 4장 ·

반려견보다 먼저 바뀌어야 할 존재는 '보호자'

바꾸고 싶다면
먼저 나부터 바뀌어야 합니다

"선생님, 저희 개는 너무 고집이 세요.", "훈련을 받아도 집에만 오면 말을 듣지 않아요. 왜 우리 개는 안 바뀌는 걸까요?" 이런 말을 들을 때면 잠시 뜸을 들이다가 이렇게 되묻는다.

"혹시… 보호자님은 바뀌신 게 있으세요?"

이 말에 보호자들은 움찔하거나, 멋쩍게 웃거나, 생각에 잠긴다. 많은 보호자가 반려견이 바뀌길 바라지만, 정작 자기 자신이 바뀌어야 한다는 사실은 잘 모른다.

<u>반려견 교육의 시작점은 바로 보호자의 태도와 행동이다.</u> 반려견이 바뀌지 않는다면 가장 먼저 되돌아볼 것은 아이가 아니라 바로 나 자신이다. 개는 사람의 말보다 행동을 더 정확하게 관찰하고 기억한

다. 일관성 없이 감정에 따라 반응이 달라지거나, 훈련사 앞에서는 잘하다가 집에선 전혀 실천하지 않는 보호자라면 반려견이 아무리 좋은 교육을 받아도 효과를 유지하기 어렵다.

예전에 훈련했던 슈나우저 '순이'가 있었다. 귀여운 외모와 달리 다른 개만 보면 으르렁거리며 돌진하는 습관이 있었다. 보호자는 그런 순이를 꼭 바꾸고 싶어 했다.

훈련을 시작하자 순이는 금방 좋아졌다. 기본 복종과 사회화 훈련을 병행하며, 보호자에게도 정확한 대응 방법을 가르쳐주었다. 그런데 얼마 후 보호자로부터 전화가 왔다.

"선생님, 순이가 다시 짖기 시작했어요. 예전으로 돌아간 것 같아요."

나는 직감적으로 보호자가 훈련을 유지하지 않았다는 것을 느끼고 물었다.

"순이가 짖을 때, 알려드린 대로 하고 계세요?" 잠시 침묵 끝에 보호자는 조용히 말했다.

"요즘은 그냥 피하게 돼요. 산책 시간도 많이 줄었고요."

이것이 현실이다. 반려견이 바뀌지 않은 것이 아니라 보호자가 훈련을 유지하지 못했던 것이다.

많은 문제는 반려견이 특별히 고집이 세서가 아니라, 반복 훈련을 멈추고 보호자가 예전 방식으로 돌아가기 때문에 생긴다. 나는 이런 사례를 자주 접한다. 보호자는 훈련장에선 정확한 타이밍에 칭찬하며 일관성 있게 행동하지만, 집에서는 감정적으로 반응하거나 상황에 따라 규칙을 바꾼다. 그러면서 '왜 집에서는 안 될까?'라고 고민한다. 하지만 반려견 관점에서는 당연한 반응이다. 집에서의 보호자와 훈련장에서의 보호자가 완전히 다른 사람으로 느껴지기 때문이다.

사람도 마찬가지다. 다이어트를 결심해도 며칠 후 야식에 손이 가는 것처럼, 습관을 바꾸는 일은 쉽지 않다. 반려견 역시 새로운 습관이 몸에 배기까지는 시간이 필요하다. 그 시간 동안 보호자가 같은 방향으로 꾸준히 이끌어줘야 한다.

결국 반려견의 문제행동을 바꾸고 싶다면 먼저 보호자의 마음가짐, 태도, 행동부터 바뀌어야 한다. 훈련은 반려견만 배우는 과정이 아니라 보호자도 함께 배우고 성장하는 과정이다.

내가 독일에서 훈련하며 가장 감명받은 점은, 보호자들이 훈련장을 떠난 후에도 '자신의 역할'을 잊지 않는다는 사실이었다. '나는 훈련사의 제자이고, 반려견은 나의 거울이다.' 이런 생각이 몸에 배어 있는 보호자일수록 반려견은 빠르게 안정되고, 둘 사이의 관계도 더욱 깊어진다.

훈련장에서만 잘하고 집에선 제자리걸음이라면, 이것은 훈련 실패가 아니라 책임감의 부재다. 훈련은 훈련사의 몫이지만, 훈련을 지속하고 유지하는 건 보호자의 몫이다.

보호자들에게 자주 하는 말이 있다.

"반려견은 분명 변할 수 있어요. 하지만 반려견이 변하려면 보호자가 먼저 변해야 해요. 그리고 그 변화는 내일이 아니라 바로 지금, 오늘부터 시작해야 합니다."

 반려견은 한 번의 훈련으로 완벽해지지 않는다. 매일 조금씩 실수를 통해 배우고 성공을 통해 자신감을 얻는다. 보호자는 그 과정을 인내심 있게 지켜보고 꾸준히 이끌어줘야 한다.
 반려견이 변하길 바라는가? 그렇다면 먼저 거울을 보자. 그리고 스스로 물어보자.

"나는 지금 내 반려견에게 어떤 모습으로 보일까?"

 이 질문에 진지하게 답할 수 있다면, 이미 절반은 성공한 셈이다.

훈련은 훈련사만으로
끝나지 않습니다

"선생님, 저희 아이는 훈련사만 보면 천사가 돼요. 근데 집에서는 전혀 안 통해요. 그럴 거면 왜 훈련을 시켜야 하죠?"

이런 말을 들을 때마다 나는 속으로 한숨을 쉰다. 사실 그건 훈련사의 실력이 부족해서도, 반려견이 똑똑하지 않아서도 아니다. 문제는 '훈련의 주체'에 대한 오해에서 시작된다.

많은 보호자가 훈련사를 마치 기적의 해결사처럼 생각한다. 그래서 이런 요청을 한다.

"우리 아이 좀 바꿔주세요.", "훈련 한 번 맡기면 괜찮아지겠죠?"

하지만 훈련은 치과 치료나 세탁 서비스가 아니다. 훈련사는 시작을 도와주는 사람이지, 끝까지 반려견을 책임져주는 사람이 아니다.

"반려견 학교에서는 잘하는데, 집에만 가면 또 말을 안 들어요." 이건 반려견 교육의 본질을 보여주는 아주 중요한 사례다. 많은 보호자가 훈련을 '훈련사만의 몫'이라 생각하고, 비싼 비용을 지불한 뒤에는 마치 모든 게 마법처럼 바뀌기를 기대한다.

하지만 훈련은 훈련사 혼자 완성할 수 없다. 훈련장은 설명서가 펼쳐진 공간일 뿐이고, 훈련사는 그 매뉴얼을 건네주는 사람이다.

'이렇게 하면 된다'라는 방법을 보여줄 순 있지만, 그 매뉴얼을 반복해서 익히고, 생활 속에서 실천하는 일은 전적으로 보호자의 몫이다.

배운 명령어, 제스처, 상황별 대응법을 보호자도 똑같이 반복해야만 반려견은 그 행동이 안전하고 올바른 길이라는 걸 믿게 되고, 비로소 변화된 행동을 '자기 것'으로 만든다.

훈련사는 반려견에게 '길을 안내해 주는 사람'일 뿐, 그 길을 함께 걷고, 매일 연습하고, 삶 속에 심어주는 건 보호자다. 반려견 학교에서 배운 건 '시작'일 뿐이고, 진짜 훈련은 반려견이 집으로 돌아간 순간부터 시작된다.

훈련사 앞에서는 정확하게 반응하던 반려견이 집에 돌아오면 다시 예전 행동을 반복하는 건 너무도 당연하다. 주변 환경, 가족 반응, 일상 패턴이 전혀 다르기 때문이다. 이때 보호자가 훈련사와 다른 방식으로 반응하거나 기준을 흐트러뜨리면, 반려견은 혼란을 느끼고 결국 원래대로 돌아간다.

"저는 반려견의 행동을 고치는 사람이 아니라, 보호자가 자신의 반려견을 이해하고 교육할 수 있도록 도와주는 사람입니다."

아이리시 울프하운드 '울프'의 사례가 기억난다. 울프는 사람도, 개도 좋아하고 모든 것에 관심이 많았다. 산책 중 흥분해서 줄을 끌고 다니고, 울타리를 넘어 혼자 나가버리기도 했다. 기본 복종 훈련이 절실했다. 집중적인 훈련을 받은 후 보호자는 감탄하며 말했다.

"와, 훈련사님 손에만 가면 천재가 되네요. 신기해요."

하지만 보호자는 훈련을 '관람'했을 뿐, 진심으로 '참여'하지 않았다. 결국 며칠 뒤 울프는 원래대로 돌아갔다. 훈련은 반려견뿐 아니라 보호자에게도 필요한 것이다.

어떤 보호자는 이렇게 말한다. "훈련사님처럼은 못하겠어요. 저한텐 그런 능력이 없어요."

하지만 이건 능력의 문제가 아니라 습관의 문제다. <u>훈련사는 반려견에게 훈련을 가르쳐주는 사람이고, 보호자는 그 훈련을 습관으로 바꾸는 사람이다.</u> 훈련사 앞에서만 잘하는 개는 '훈련받은 개'가 아니라 '훈련사에게만 반응하는 개'일 뿐이다.

내가 독일에서 훈련할 때 인상 깊었던 건, 훈련사가 보호자와 함께 훈련을 진행한다는 점이었다. 보호자가 직접 리드 줄을 잡고 명령을 내리고 칭찬했고, 훈련사는 자세를 교정하고 타이밍을 잡아주는 조력자였다. 그때 확신했다.

"진짜 훈련사는 반려견을 훈련하는 사람이 아니라, 보호자를 훈련하는 사람이다."

흔한 예로 "이리 와!" 명령을 훈련소에선 잘 듣던 반려견이 집에선 간식 없이는 듣지 않는 경우가 있다. 훈련소의 일관된 규칙과 즉각적인 피드백이 집에서는 유지되지 않기 때문이다. 결국 반려견은 명령의 의미를 잊는다. 그래서 나는 항상 이 말을 빼놓지 않는다.

"훈련사의 방식을 그대로 집으로 가져가세요."

방문 훈련 후에도 보호자가 반복하지 않으면 반려견은 다시 원점으로 돌아간다.
<u>반려견을 훈련하려면 보호자도 훈련을 받아야 한다. 목소리 톤, 타이밍, 감정, 무엇보다 태도가 바뀌어야 반려견도 변한다.</u>
다시 강조하지만, 훈련은 보호자와 반려견이 함께 완성하는 과정이다.
훈련사가 떠난 뒤에도 보호자가 매일 반복하고 일관된 태도를 유지해야, 그 교육이 진짜 '내 반려견의 평생 습관'이 된다.
결국 훈련의 성패는 훈련사의 실력보다 보호자의 일관성에 달려 있다. 훈련사에게 맡겼다고 훈련사의 손만 바라보지 말고, 보호자의 태도, 감정이 일관된 일상이 진정한 교육장이 되어야 한다.

훈련 실패의 90%,
사실은 보호자의 책임입니다

"선생님, 애는 안 돼요. 원래 그래요.", "그냥 성격이 이상한 것 같아요. 아무리 해도 안 고쳐져요.", "교육이 안 먹혀요. 이미 포기했어요."

훈련하다 보면 이런 말을 자주 듣는다. 하지만 그럴 때마다 마음속으로 되묻는다. '정말 그럴까? 이 반려견은 문제행동을 고칠 수 없는 아이인가?'

경찰견, 탐지견, 스포츠견처럼 고도의 훈련을 받은 개들도 어떤 훈련사를 만나느냐에 따라 완전히 달라진다. 보호자 역시 마찬가지다. 아무리 좋은 자질을 가진 반려견이라도 보호자의 태도에 따라 말썽꾸러기가 되기도, 멋진 동반자가 되기도 한다. 결국 훈련 실패의 90%는 반려견이 아니라 보호자 때문이다.

몰티즈 '두부'의 사례가 기억난다. 두부는 자극에 민감했고 혼자 있으면 울거나, 산책 중 자꾸 안아달라고 뛰어올랐다. 나는 보호자에게 말했다.

"보호자님이 바뀌셔야 두부도 바뀝니다."

보호자는 끄덕였지만, 며칠 뒤 두부는 그대로였다. 보호자는 "훈련한 대로 하긴 했는데 너무 불쌍해서 중간에 안아줬어요."라고 말했다. 여기서 훈련은 무너진다. 일관성이 없으면 반려견은 혼란에 빠지고 본능대로 행동한다. 그러면 보호자는 다시 "이 아이는 안 되는 애예요."라고 말하게 된다.

올드 잉글리시 쉽도그의 사례도 있다. 이 반려견은 사람에게 달려드는 습관이 있었는데 보호자가 임신한 뒤 위험이 커졌다. 집중 훈련으로 반려견은 차분해졌지만, 집에 돌아가자 다시 뛰어오르기 시작했다. 문제는 보호자의 불규칙한 외출 패턴과 감정적인 반응이었다. 결국, 가족 전체가 손짓, 말투, 동작을 통일하자 아이는 빠르게 안정되었다.

보호자가 바뀌지 않으면 반려견도 바뀌지 않는다. 훈련에서 가장 중요한 것은 지식이 아니라 태도, 일관성, 지속성이다. 많은 보호자가 하루 이틀 만에 변화가 없으면 조급해하고 쉽게 포기한다. 한 보호자는 솔직히 말했다. "훈련이 너무 귀찮고 힘들어요." 나는 그 솔직함이 마음에 들어 이렇게 대답했다.

"맞아요. 훈련은 귀찮고 어렵고 감정도 상합니다. 하지만 그걸 넘어야 진짜 변화가 옵니다. 지금의 불편함을 넘어서야 나중의 편안함을 얻을 수 있어요."

독일은 보호자 교육이 체계적이다. VT 테스트를 통과하려면 보호자가 직접 훈련을 시연해야 하고, 보호자의 제어 능력이 기준이 된다. 하지만 한국에선 '훈련은 훈련사에게 맡기면 된다'라는 생각이 여전히 지배적이다.

반려견의 문제행동은 혼자 만들어지지 않는다. 환경을 만드는 것도, 바꿀 수 있는 것도 보호자이다. 훈련 실패의 90%는 보호자의 미숙함, 방치, 혹은 변화를 포기하는 태도 때문이다. 이 사실을 인정하는 순간 훈련은 다시 시작된다.

반려견을 바꾸고 싶다면 먼저 나의 행동, 말투, 감정부터 점검하자. 그러면 반려견은 자연스럽게 따라온다. 반려견 훈련의 핵심은 '보호자 교육'이다. 이제 이 질문부터 해 보자.

"나는 지금, 어떤 보호자인가?"

꾸짖지 말고 설명하세요

"안돼! 하지 말랬지!", "또 왜 그래! 그만 좀 해!", "내가 지금 화나서 그래, 너 진짜 너무한다."

어떤 집이든 이런 소리가 들리는 순간이 있다. 문제는 이 말을 듣는 존재가 '사람'이 아니라 '개'라는 거다. 그리고 더 큰 문제는, 개는 이 모든 말이 도대체 무슨 의미인지 모른다는 점이다. "선생님, 애가 말을 안 들어요. 몇 번을 말했는데도 계속 같은 행동을 해요." 나는 그런 보호자에게 이렇게 되묻는다.

"근데 그 말을, 그 아이가 '이해'는 했을까요?"

사람은 설명을 듣고 상황을 파악하며, 감정까지 고려해 행동을 조절할 수 있다. 하지만 개는 다르다. 개는 언어보다 '결과'로 배우고, 감정보다 '행동의 패턴'으로 이해한다.

즉, 아무리 "하지 마!", "그만해!", "또 시작이야?"를 외쳐도 개는 그걸 '명확한 교육'이 아닌, '소리 지르는 이상한 보호자의 반응' 정도로 받아들일 뿐이다.

나는 종종 이런 예를 든다.

"만약 당신이 말이 전혀 통하지 않는 외국에 갔다고 생각해 보세요. 그런데 누가 갑자기 당신을 향해 소리를 지르고 얼굴을 찡그리고, 과장된 몸짓으로 말하면, 알아들을 수 있나요? 그저 무섭기만 하지 않을까요?"

개의 입장에선 우리의 질책이 딱 그런 식이다.

기억에 남는 강아지가 있다. 코커 스패니엘 '마루'였는데, 습관처럼 자꾸 소파 다리를 물어뜯는 행동을 보였다. 보호자는 매번 "안돼!", "하지 마!", "왜 이래!" 하며 야단쳤다. 처음엔 손뼉도 치고, 나중엔 발로 땅도 굴렀다. 하지만 마루는 계속 물어뜯었다. 오히려 혼낼 때마다 더 흥분했고, 잠시 멈췄다가 몇 분 후 다시 시작했다.

나는 보호자에게 말했다.

"지금 마루는 '하지 말라'는 말을 못 알아듣는 게 아니에요. 그보다 더 큰 문제는, '그 행동을 멈추고 나서 뭘 해야 하는지를 전혀 모르고 있다'는 거예요."

그때부터 우리는 훈련 방향을 바꿨다. "물지 마!"가 아니라 '그때는 이걸 물어!'라는 대안 행동을 알려주고, 마루가 장난감을 입에 물 때마다 크게 칭찬하고 간식을 줬다. 그리고 소파 다리에 다가가면 살짝 막고, 시선을 돌리고, 장난감으로 유도했다. 일주일 후, 마루는 더 이상 소파 다리를 물지 않았다. 이게 바로 내가 말하는 '꾸짖지 말고 설명하라'는 의미다.

개는 복잡한 감정을 이해하지 못한다. "내가 오늘 기분이 나쁘니까 너는 얌전히 있어야 해.", "지금은 조용히 해줘야 나한테 도움이 돼." 이런 말은 통하지 않는다. 개는 단순하게, 반복적인 행동의 결과로 세상을 배운다. 그래서 "하지 마!"라는 말을 반복하기보다 "이럴 땐 이렇게 해!"라고 알려주는 게 훨씬 빠르고 효과적이다.

훈련의 핵심은 통제가 아니다. 선택지를 주고, 그중 올바른 것을 스스로 선택하게 만드는 것이다. 그리고 그 선택이 반복될 때, 반려견은 학습된다. '이럴 때 이걸 하면 보호자가 좋아한다.', '이 행동은 나에게 좋은 결과를 준다.' 이렇게 행동의 흐름을 이해하게 되면, 반려견은 점점 실수를 줄이고 안정된다.

"그럼 야단은 전혀 치면 안 되나요?"라고 묻는 보호자도 있다. 내 대답은 이렇다.

"훈육은 필요합니다. 하지만 '혼내기'와 '가르치기'는 전혀 다릅니다."

야단은 감정이고, 훈육은 구조다. 감정은 순간의 분노고, 훈육은 일관된 기준이다.

예를 들어 반려견이 식탁에 올라오면, 그냥 "야! 내려가!" 하는 게 아니라 식탁에 다가오는 순간 무시하거나 유도해서 내려가게 하고, 그다음엔 자리에 앉으면 칭찬해 주는 방식을 반복해야 한다. 그래야 반려견은 '올라가면 무시당하고, 자리에 앉으면 칭찬받는구나.'라고 인지하게 된다.

결국 반려견과의 관계에서 중요한 건 목소리의 크기가 아니라, 메시지의 명확함이다. 소리 지르지 않아도 반려견은 배운다. 감정을 쏟아붓지 않아도 반려견은 바뀐다. 다만, 보호자가 무엇을 원하는지를 정확히 보여줘야 한다.

그게 바로 설명이다. 그리고 그 설명이야말로, 반려견이 믿고 따를 수 있는 최고의 리더십이다.

오늘도 반려견의 문제행동에 화가 난다면, 한발만 물러서서 이렇게 생각해 보자.

'지금 이 아이는, 내가 원하는 걸 제대로 알고 있을까?'

만약 아니었다면, 지금이 바로 설명할 시간이다.

불안, 좌절, 기대,
그리고 조용한 희망까지

훈련은 단순한 기술이 아니다, 감정의 과정이다. 나는 수많은 보호자가 훈련 초기에 이런 감정을 겪는 걸 봐 왔다.

불안 ⋯ 기대 ⋯ 좌절 ⋯ 체념 ⋯ 그리고 다시 조용한 희망. 이는 누구나 지나가는 길이고, 사실은 보호자도 그 과정을 통해 '학습'하고 있다.

"선생님, 얘는 언제쯤 좋아질까요?", "지금 잘하고 있는 걸까요?", "솔직히 너무 지쳐요. 기대했던 것만큼은 아니에요."

이런 말을 들을 때 나는 항상 고개를 끄덕인다. 그 마음을 너무나 공감하기 때문이다. 처음엔 다들 큰 기대로 훈련을 시작한다. '우리 아이도 바뀔 수 있을 거야.', '이제 스트레스받지 않아도 되겠지.' 그리고 훈련사의 설명을 듣고, 방법을 배우고, 열심히 실천한다.

하지만 훈련이라는 건 생각보다 느리고, 더디며, 지루한 반복이 이어진다. 어제 잘했던 행동이 오늘은 무너지고, 간식 없이는 움직이지 않는 날도 생긴다. 갑작스러운 후퇴처럼 보이는 상황도 생긴다. 그럴 때 보호자는 흔들린다. '내가 뭘 잘못했나?', '이 아이는 원래 이런 건가?', '괜히 훈련을 시작했나….' 그리고 이내 조용히, 희망을 접는다.

그런데 대부분의 보호자가 실망하는 대상은 반려견이 아니라, '자신'인 경우가 많다. 그럴 때 나는 꼭 이렇게 말한다.

"지금 느끼는 감정, 아주 정상이에요."
"잘하고 계신 거예요. 잘못된 게 아닙니다."
"이런 불안과 좌절은, 그만큼 아이를 진심으로 바꾸고 싶다는 증거예요."

훈련할 때 가장 위험한 건 감정이 없는 보호자다. 훈련에도, 관계에도 아무 책임도 느끼지 않는 사람. 그런 사람에겐 어떤 방식도 통하지 않는다. 하지만 실망하면서도 다시 손을 뻗는 보호자는 반드시 변화의 끝을 만난다.

예전에 이런 보호자가 있었다. 아메리칸 불도그를 키우는 분이었는데, 아이는 공격성이 있었고, 산책할 때마다 두꺼운 충격 목줄을 착용하고 강하게 통제해야 했다. 아이가 사납게 보였기 때문에, 보호자는 주변 시선과 편견 속에서 늘 눈치를 보며 산책해야 했다. 하지만 그 보호자는 아이를 다루는 게 쉽지 않음에도 성실했다. "저는 개에게 운동과 산책을 시켜주는 게 보호자의 역할이라고 생각해요." 그 말처럼, 하루도 빠짐없이 산책을 시켰다.

문제는, 그런 산책 속에 자연스럽게 반복적인 체벌이 섞여 있었다는 점이다. 목줄을 자주 당기고, "안돼!" 하는 통제가 일상처럼 반복됐다. 보호자도, 비 애견인들의 시선도 잘못된 것은 없었다. 다만, 반려견에게 반복되는 부정적 경험이 훈련이 아닌 억압으로 쌓이고 있었다. 보호자 자신도 무엇이 옳은 행동인지 몰라서 스스로 자책하기도 하고 좌절하기도 했다.

이쯤에서 우리는 질문을 던져야 한다.

"산책은 해야 하지만 동시에 강력한 통제가 필요한 경우, 산책하지 않으면 통제를 안 해도 된다. 그럼 집안에만 놔두는 게 반려견에게는 더 좋을까?"

보호자들은 이런 질문을 가장 많이 한다. "목줄을 너무 세게 당기는 거 아닌가요?", "그래도 혼을 좀 내야 하는 게 맞죠?"

어느 정도는 맞는 말처럼 느껴지지만, 어딘가 찜찜한 이유는 분명하다. 우리는 '훈육'은 당연하게 여기면서도, '처벌'이라는 단어에는 죄책감과 불편함을 느끼기 때문이다.

심리학에서 '처벌'이란 행동의 빈도를 줄이기 위해 사용하는 수단이다. 예를 들어 반려견이 전선을 물었을 때 "안돼!"라고 단호히 제지하는 건 '정적 처벌', 좋아하던 놀이를 중단하는 건 '부적 처벌'에 해당한다. 감정적 지시가 아닌, 위험 상황에서 구조의 측면이라면, 처벌은 교육의 도구가 될 수 있다.

하지만 잊지 말아야 할 건 이것이다.

"처벌이 공포가 되어선 안 된다."

반려견이 '혼났다'만 기억하고, 왜 혼이 났는지 모른다면 행동은 바뀌지 않고, 보호자만 무서운 존재가 된다. 산책 시에도 줄만 당겨서 통제하면, 반려견은 '밖에 나가면 늘 목이 아프다'고 학습할 뿐이다. 또한 처벌을 많이 사용하는 보호자들은 모든 훈련이 괴롭기만 해 포기하기도 한다. 그래서 잘못된 처벌은 반려견과 보호자의 마음에 깊은 상처를 남긴다.

과거에 반려견 학교에 온 한 강아지는 보호자 앞에서 늘 움츠러들었고, 아무 행동도 하지 않으려 했다. 이 아이는 사소한 실수에도 반복적으로 혼나거나 손찌검을 당했다고 한다. 결국 '행동하지 않는 것이 가장 안전하다'라고 학습한 것이다. 이는 훈련이 아니다. 그저 불신과 회피 행동만 만들었을 뿐이다. 그렇게 위축된 반려견은 공격적으로 돌변하거나, 눈치를 보며 보호자와의 관계를 끊어버리기도 한다.

처벌의 원칙은 아주 단순하다. 차분하게, 즉각적으로, 일관되게 행동 직후, 냉정한 목소리로 전달되어야 하고 행동이 멈추면 곧바로 "잘했어!"라는 긍정 피드백이 뒤따라야 한다. 이게 긍정 강화와 병행되는 처벌이다.

<u>반려견이 '나쁜 행동을 안 하면 안 혼난다'가 아니라, '좋은 행동을 하면 칭찬받는다'라고 인식해야 진짜 학습이 된다.</u>

처벌을 사용하기 전에, 스스로 세 가지를 물어보자:

"이 행동은 정말 처벌이 필요한가?"
"단지 내 감정이 격해진 건 아닌가?"
"혹시 이 행동은 내가 가르치지 않아서 생긴 건 아닐까?"

이 질문만으로도 많은 처벌은 다른 방식으로 전환될 수 있다는 걸 알게 된다. 대부분의 문제행동은 무시하거나, 주의를 돌리거나, 대체 행동을 가르치거나, 환경을 조정하는 것만으로도 충분히 교정할 수 있다. 특히 짖음, 물기, 불안, 과잉 흥분 등은 처벌보다 '관심', '지식', '반복 연습'이 먼저 필요한 문제다.

훈련의 목적은 처벌이 아니다. 반려견과 보호자가 서로를 이해하고, 함께 살아가는 방법을 배우는 것이다. 처벌은 그 안에서 쓰일 수 있는 '하나의 도구'일 뿐, 훈련의 중심이 되어선 안 된다.

훈련 현장에서 내가 가장 자주 하는 말이 있다.

"화를 내기 전에, 가르쳐주세요."
"가르치기 전에, 먼저 이해해 주세요."

이 두 가지만 지켜도 훈련은 훨씬 더 평화롭고, 효과적으로 흘러간다.

예전에 훈련했던 믹스견 '노을이'가 떠오른다. 입양 초기부터 사람 손을 무는 버릇이 있었고, 낯선 사람을 보면 몸을 웅크리며 짖거나 숨었다. 보호자는 정말 최선을 다했다. 훈련 노트도 쓰고, 실수는 없는지 돌아보고, 매번 훈련 후엔 질문을 쏟아냈다.

2주쯤 지났을 무렵, 그는 울먹이며 말했다. "선생님…, 전 그냥 평범하게 우리 아이랑 걷고 싶었던 건데요…. 왜 이렇게 힘든 건가요."

나는 조용히 답했다.

"노을이도 같은 감정일 거예요. 사람도 무섭고, 믿고 싶고, 다가가면 또 혼날까 불안하고…. 지금은 둘 다, 변화의 중간에 서 있는 거예요."

그로부터 한 달 뒤, 노을이는 낯선 사람 앞에서 조용히 앉을 수 있었고, 보호자의 무릎에 스스로 머리를 올렸다. 그 순간, 보호자는 조용히 말했다. "이게 희망이구나… 하고 느꼈어요."

훈련은 감정의 롤러코스터다. 좋았다가 무너지고, 포기하고 싶다가도 아주 작은 변화 하나에 감동하고, 그 감동 하나로 내일을 다시 살아간다. 우리는 그것을 '조용한 희망'이라고 부른다.

기적 같은 변화가 없어도 괜찮다. 하루에 단 한 발짝만 내딛어도 괜찮다. 실수를 반복해도, 포기하지 않으면 희망은 반드시 찾아온다.

그리고 어느 날, 이런 생각이 들지도 모른다. '지금 내가 느끼는 이 감정, 나만 그런 걸까? 혹시 나만 이렇게 힘든 건 아닐까?'

그럴 때는, 이 말 하나만 기억하자.

"지금 당신이 느끼는 그 감정, 바로 변화가 오고 있다는 신호입니다."

'문제행동'이 문제가 아닙니다

"선생님, 얘는 문제행동이 너무 많아요. 짖고, 물고, 말도 안 듣고, 산책하면 미쳐 날뛰어요. 도대체 왜 이러는 거죠?"

많은 보호자가 '문제행동'이라는 말을 쉽게 사용한다. 하지만 나는 그 단어를 들을 때마다 이렇게 되묻고 싶어진다.

"그건 정말 문제일까요? 아니면, 그냥 보호자가 '이해하지 못한 행동'이 아닐까요?"

우리는 개의 행동을 너무 자주 인간 중심으로 해석한다. 짖으면 '성격이 공격적이다', 물면 '사납다', 따라오지 않으면 '고집이 세다', 달리면 '훈련이 안 되어 있다'라고 여긴다. 하지만 그 모든 행동에는 이유가 있다. 그리고 그 이유는 대부분 '문제'라기보단 '신호'다.

예전에 훈련했던 시바견 '토리'는 혼자 집에만 있으면 온갖 물건을 다 뜯어놓았다. 처음엔 보호자가 말하길, "애가 이상해요. 산책도 시켰는데, 자꾸 물건을 망가뜨려요. 분리불안은 아니라는데도요."

나는 그 말 속에 의문을 가졌다. "왜 분리불안이 아니라고 생각하셨나요?"

"문을 닫고 나가도 짖진 않거든요. 근데 돌아오면 집이 난장판이에요."

그래서 CCTV를 설치해 봤다. 우리는 충격적인 장면을 목격했다. 토리는 문이 닫히는 순간부터 입을 벌리고 헉헉거리며 방안을 계속 빙빙 돌았다. 짖지만 않을 뿐, 불안한 신호는 다른 행동으로 나타나고 있었다. 결국 토리는 스트레스를 견디지 못해 소파나 슬리퍼를 물어뜯는 것으로 해소했다. 행동만 보면 '문제'였지만, 사실은 그 행동이 '불안을 표현하는 방식'이자 '신호'였다.

이처럼 반려견이 보이는 수많은 행동은 우리 눈에 보기엔 문제일 수 있어도, 반려견의 입장선 불편함, 긴장, 무력감, 또는 요구를 표현하는 하나의 방식일 수 있다.

반대로, 우리가 칭찬하는 어떤 행동도 사실은 '억압된 결과'일 수 있다. 예를 들어, 아무 말 없이 조용히 있는 반려견을 보고 "와, 애는 너무 얌전해요."라고 하는 경우가 있다. 하지만 가만히 보면 귀가 눌려 있고, 눈을 잘 마주치지 않으며, 몸을 웅크린 채 한 자리에만 있는 경우도 있다. 이건 '얌전한 게' 아니라 '두려워서 얼어 있는 상태'일 수도 있다.

그래서 나는 말한다.

"'문제행동'이라는 단어를 너무 빨리 쓰지 마세요. 그건 우리가 그 행동을 잘 모를 때 쓰는 임시 단어일 뿐이에요."

그래서 그 행동의 원인을 파악하고 나면, 대부분은 이렇게 바뀐다.
"아… 그래서 그랬구나.", "그게 불안의 표현이었구나.", "나를 부른 행동이었구나.", "내가 뭔가 놓쳤던 거였구나."

나쁜 마음을 가진 개는 없다. 개는 일부러 반항하거나, 복수하거나, 고의로 사람을 괴롭히지 않는다. 그런 복잡한 감정을 가질 수 있는 동물이 아니다. 개는 단순히 그 순간 자기가 할 수 있는 방법으로 표현하고, 살아남으려 할 뿐이다. 문제가 있는 게 아니다. 그냥 '방법'을 모를 뿐이다.

그래서 우리가 해야 할 일은 그걸 꾸짖는 것이 아니라, 올바른 방법으로 바꿔주는 것이다.

어떤 보호자가 나에게 이런 말을 한 적이 있다. "선생님, 처음엔 정말 이 아이가 문제라고 생각했어요. 그런데 지금은 알아요. 이 아이는 문제가 있는 게 아니라, 도움이 필요했던 거였어요."

그 말을 듣고 나는 미소 지었다. 훈련은 끝났지만, 진짜 변화는 그때부터 시작이었으니까.

문제행동은 사실 메시지다. '짖음'은 외로움, '물어뜯음'은 스트레스 해소, '날뛰는 행동'은 억눌린 에너지 표현이다. 훈련은 문제를 억누르는 게 아니라, 그 이유를 이해하고 해소해 주는 과정이다.

훈련은 보호자가 먼저 반려견을 이해하고, 함께 해결책을 찾아가는 여정이다.

'문제행동'이라는 단어를 지우고 그 자리에 이런 질문을 넣어보자.

"이 아이는 지금 나에게 무엇을 말하고 있는 걸까?"
"이 행동의 원인은 어디서 왔을까?"

그 질문 하나로 당신과 반려견의 관계는 달라질 수 있다. 그리고 그 순간부터, '문제'였던 그 행동은 더 이상 문제가 아니다.

5장

반려견과 함께하는 하루, 지금부터 시작해요

산책이 즐거워지는
'옆으로 따라 걷기' 교육

"산책만 하면 줄을 끌고 뛰어요. 팔이 빠질 것 같아요.", "다른 개만 보면 미친 듯이 달려들어요.", "옆에 조용히 걷는 건 꿈도 못 꿔요."

보호자들이 가장 자주 하는 하소연 중 하나다. '산책'이란 단어는 반려견한테 설렘을 의미하지만, 보호자에겐 스트레스일 때가 많다. 특히 줄을 끌고 다니는 버릇이 있는 아이들은 매일의 산책이 전쟁이 돼버린다. 손목은 늘 아프고, 팔은 뻐근하고, 다른 개나 사람을 만날까 늘 조마조마하다. 그래서 "산책이 너무 힘들어요."라는 말은 어쩌면 당연한 결과일지도 모른다.

하지만, 나는 이렇게 말한다.

"그건 아직 아이가 산책을 배운 적이 없기 때문이에요."

개는 '산책'이라는 개념을 배운 적이 없다. 사람처럼 걷는 방식도, 걷는 속도도, 걷는 이유도 전혀 모른다. 개는 본능적으로 냄새를 맡고 자유롭게 움직이려 한다. 그러나 사람은 '조용히 걷는 것'을 원한다. 결국 이는 훈련 없이는 이뤄질 수 없다.

나는 이런 질문도 자주 받는다. "반려견이 나보다 앞서 걷는 게 꼭 나쁜 건가요?"

꼭 그렇진 않다. 하지만 훈련의 목적에 따라, 앞서 걷는 것을 통제할 수 있어야 하는 상황은 분명히 존재한다. 예를 들어 사람 많은 곳, 좁은 골목, 자전거나 오토바이가 자주 지나가는 도로, 혹은 다른 개에게 공격성을 보일 수 있는 상황 등에서는 옆에 조용히 걷는 '힐heel' 교육이 생명을 지키는 기술이 되기도 한다. 그리고 무엇보다도 보호자와 함께하는 산책의 리듬이 서로 맞는다는 건 신뢰의 증거이기도 하다.

그리고 훈련사는 세계 어디서든 개를 보호자의 왼쪽 무릎 옆에 걷게 훈련한다. 보통은 "따라!", "옆에!"라는 명령어를 사용하며, 이는 국제적으로 통일된 기준이다. 이때 많은 사람이 궁금해하는 질문이 있다. "왜 개는 사람의 왼쪽에서 걷도록 가르치나요?" 이건 단순한 우연이 아니라, 오랜 시간 동안 이어져 온 훈련 방식의 기준이다. 역사적으로 대부분의 사람이 오른손잡이였기 때문에, 오른손은 무기나 도구를 다루는 데 쓰이고, 왼손으로는 리드 줄을 잡았다. 자연스럽게 개는 왼쪽에 위치하게 됐고, 이것이 지금까지 훈련의 표준으로 자리 잡았다.

무엇보다 좌측에 고정된 기준을 주면, 누구와 훈련하든 반려견이 혼란 없이 일관된 행동을 할 수 있다. 결국 이것은 훈련의 효율성과 반려견의 안전, 보호자의 자유로운 움직임을 모두 고려한 선택인 셈이다.

반려견 학교에 온 잭 러셀 테리어 '테리'를 훈련할 때의 일이다. 몸집은 작지만 에너지는 폭발적인 테리는 항상 앞서가고, 냄새를 맡고, 갑자기 멈췄다가 달렸다가 정신이 없었다. 보호자는 늘 끌려다니다시피 했고, 결국 산책을 그만두게 됐다. "그냥 마당에서 놀게 해요. 산책하면 둘 다 너무 지쳐요."
나는 그 보호자에게 이렇게 말했다.

"산책을 쉬는 건 해결이 아니라 포기예요. 테리가 '산책하는 법'을 배워야죠."

그래서 우리는 훈련을 시작했다. 처음에는 아주 짧은 거리부터, 단 3~4걸음만 같이 걷고 멈추는 연습으로 시작했다. 테리가 줄을 당기면 멈췄고, 옆에 오면 칭찬을 하고 간식을 주었다. 그 과정을 수십 번 반복하고 나서야, 테리는 조금씩 보호자의 발 옆에서 걸을 줄 알게 됐다. 결국 3주가 지나고, 보호자는 이렇게 말했다. "이제야 같이 걷는 느낌이 나요."

내가 훈련한 방법은 이렇다. 처음 옆에 걷기 훈련을 할 땐 실내나 조용한 마당처럼 방해 요소가 적은 곳에서 시작하는 게 좋다. 1~2m 길이의 짧은 리드 줄을 사용하고, 하네스보다는 목줄을 쓴다. 줄은 왼

손으로 잡고, 오른손에는 간식을 든다. 반려견이 보호자의 왼쪽 무릎 옆에 있을 때 간식과 칭찬을 아낌없이 주고, "옆에!" 혹은 "따라!" 같은 명령어를 함께 사용한다.

걷는 도중 줄을 당긴다면, 즉시 멈추고 줄이 느슨해졌을 때 다시 출발한다. 이 과정을 반복하면 반려견은 '당기면 멈추고, 옆에 있으면 갈 수 있다'를 자연스럽게 배우게 된다. 만약 줄을 너무 세게 당기거나 돌진한다면, 멈추는 대신 반대 방향으로 걷는다. 이는 반려견에게 '앞서 끌면 산책을 멈춘다'라는 신호로 작용하며, 반복을 통해 행동을 바꿔갈 수 있다.

실외에선 다양한 방해 요소들이 존재한다. 다른 개, 사람, 음식 냄새 등. 이럴 땐 처음부터 끝까지 옆에 걷게 하기는 어렵다. 처음에는 2~3분 정도만 옆에 걷게 하고, 나머지는 자유롭게 걷게 하는 게 좋다. 그리고 익숙해지면 옆에 걷는 시간을 점점 늘려간다. 그렇게 "산책은 너 혼자가 아니라 나와 함께하는 거야."라는 메시지를 자연스럽게 전달할 수 있다.

==무엇보다 중요한 건 일관성과 인내다. 같은 명령어, 같은 규칙, 같은 보상 방식. 그렇게 반복하다 보면, 반려견은 보호자의 리듬을 익히고 신뢰를 쌓게 된다.== 강압이나 체벌보다는, 간식을 이용한 긍정 강화가 훨씬 효과적이다. 산책이 스트레스가 되면, 그 감정은 결국 보호자에게 향할 수 있기 때문이다.

'힐' 교육의 핵심은 반복과 타이밍이다. 반려견이 앞서 나갈 때 멈추기, 리드 줄로 살짝 유도하기, 옆에 오면 간식을 주고 칭찬하기. 이런 단순한 행동을 꾸준히 반복해야 한다. 반복하다 방향 바꾸기, 뛰어보기, 멈췄다 걷기 등 리듬을 조절하는 것도 좋은 자극이 된다. 단, 이 모든 행동은 화를 내거나 제압하는 태도가 아니라, 반려견이 '옆에 걷는 게 더 좋다'라고 스스로 깨닫게 하는 방식이어야 한다.

<u>산책은 단순한 활동이 아니다. 반려견과 보호자가 같은 방향, 같은 속도, 같은 리듬으로 걸을 수 있을 때 비로소 진짜 '함께 걷는 관계'가 된다.</u> 조용히 옆에 걷는 아이를 만드는 일은 지금부터, 짧은 거리를 하루 10분만 투자해도 충분히 가능하다.

"천천히 걷는 걸 배운 반려견은 결국 보호자와의 관계도 천천히 깊어진다."

그것이 내가 수백 마리의 개와 함께 걷고 나서 얻은 결론이다.

부르면 달려오는 아이로, '이리 와' 교육

"이리 와!"라는 한마디는 단순한 명령어가 아니다. 반려견의 안전을 지키고, 보호자와의 신뢰를 확인하는 신호이자, 아주 중요한 훈련의 기초다. 산책 중 위급 상황이 발생했을 때, 혹은 넓은 공원에서 자유롭게 뛰어놀던 반려견을 다시 부르고 싶을 때, "이리 와!"라는 명령어에 대한 정확한 반응은 반려견의 생명을 보호할 수도 있다.

그런데 많은 보호자가 이렇게 말하곤 한다. "우리 아이는 '이리 와' 해도 안 와요. 모르는 척하고 도망가요." 이럴 땐 이유부터 살펴봐야 한다. 혹시 과거에 "이리 와!"라고 부른 후 혼낸 적은 없었는지, 혹은 산책을 끝내려 할 때만 불렀던 건 아닌지. 반려견은 자신에게 불쾌한 일이 이어질 것이라고 느끼면, 그 명령어 자체를 회피하게 된다.

그래서 '이리 와!' 훈련의 핵심은, 이 단어를 좋은 기억과 연결해 주는 것이다.

처음에는 간식, 식사, 놀이 등 즐거운 조건에서 "이리 와!"를 반복하고, 잘 따라오면 아낌없이 칭찬하고 보상을 줘야 한다. 그러면 반려견은 '이리 와! = 좋은 일이 생기는 신호'로 인식하게 된다.

익숙해지면 본격적인 훈련으로 들어간다. 초반엔 짧은 줄을 착용한 채 가까운 거리에서 부르고, 반응하면 보상을 준다. 이후 줄을 땅에 놓고 부르기, 멀리 떨어진 거리에서 부르기, 주위에 다른 자극이 있을 때 부르기 등 점차 조건을 높여간다. 만약 반응이 없다면 줄을 살짝 당겨 주의를 환기하고, 다시 "이리 와!"를 반복한다.

훈련은 집 안 1~2미터 거리에서 시작해 점점 거리를 늘려가고, 장소도 마당 … 골목 … 공원 순으로 확장한다. 이때 가장 중요한 건 반려견이 스스로 오게 하는 것, 그리고 즉각적인 칭찬과 보상이다. 다양한 방해 요소 속에서도 보호자의 목소리에 집중하고 따라오는 훈련이 필요하다.

'이리 와!' 교육은 결코 간단한 훈련이 아니다. 단순히 보호자가 있는 방향으로 달려오는 것이 아니라, 다른 개와 장난 중에도, 멀리서도, 수많은 자극 속에서도 보호자의 부름에 반응해야 하므로 훈련의 강도가 높은 편이다. 잘 훈련된 반려견은 수백 명의 군중 속에서도 몇백 미터 밖에서 "이리 와!"라고 하면 모든 행동을 멈추고 달려온다. 이것이 이 훈련의 최종 목표다.

'이리 와' 교육에서 가장 힘든 점은 "이리 와!"라는 말을 이해시키는 것이다. 그래서 초반에 실패했을 때 혼내서는 안 된다. 반려견이 오지 않았다고 "왜 안 와!" 하고 화를 내면, "이리 와!"는 곧 '혼나는 신호'가 된다. 명령어가 훈련의 핵심일수록 더욱 조심스럽게 사용해야 하며, 항상 긍정적인 기억으로 남겨야 한다.

또한, 반려견의 발톱을 깎을 때나, 목욕을 시키기 위해서 "이리 와!"를 사용하면 이후에는 도망가게 될 확률이 매우 높다. "이리 와!"는 벌을 주는 명령이 아닌, 사랑과 신뢰, 보상의 신호로만 사용되어야 한다. 습관이 될 때까지는 말이다.

'일관된 명령어', '즉각적인 보상', '긍정적인 연상' 이 세 가지가 충실히 지켜질 때, 반려견은 '이 명령에 응답하면 좋은 일이 생긴다'라는 확신을 갖게 된다. 그렇게 하나씩 훈련은 완성되어 간다.

"이리 와!"는 단순한 기술이 아니라, 보호자와 반려견의 관계를 확인하는 시간이다. 반려견이 한 걸음 한 걸음 보호자에게 다가올 때마다 보호자는 "그래, 너는 나와 소통하는 아이야."라는 감동을 하게 되고, 그 순간 서로의 거리는 단순한 물리적 공간을 넘어 마음마저 가까워지게 된다.

참을성과 안정감을 만들어가는 '기다려' 교육

"기다려!"는 단순한 명령어가 아니다. 반려견이 스스로 통제하고, 보호자의 말에 집중하는 능력을 기르는 핵심 훈련이다. 특히 산책 중 다른 개나 사람이 다가오거나, 횡단보도 앞에서 잠시 멈춰야 할 때, "기다려!" 한마디로 반려견이 안정된 자세를 유지할 수 있다면, 얼마나 든든하고 안전할까.

나는 한 보호자와 이런 대화를 나눈 적이 있다. "선생님, 얘는 가만히 있으라는 말을 이해를 못 해요. 참을성이 부족한 거 같아요."

나는 웃으며 이렇게 대답했다.

"이 아이가 못 참는 게 아니라, 참는 걸 배운 적이 없는 거예요."

실제로 많은 반려견이 '기다려'라는 개념 자체를 모르고 살아간다.

하지만 이 훈련이 잘되어 있으면, 반려견은 자율성을 갖춘 행동을 할 수 있게 된다. 혼란스러운 상황에서도 보호자의 신호에 따라 침착하게 행동할 수 있는 능력, 그것이 바로 '기다려' 훈련의 힘이다.

'기다려' 훈련의 1단계 | 실내에서 시작하기

처음엔 조용한 실내에서 시작한다. 반려견을 '앉아' 또는 '엎드려' 자세로 만든 다음, 손바닥을 들어 보이며 "기다려!"라고 말한다. 처음에는 2~3초만 기다리게 하고, 보호자도 곁을 떠나지 않는다. 잘 유지하면 바로 간식을 주고 칭찬을 한다. 점차 5초, 10초, 20초로 시간을 늘려 간다.

한 걸음 더 나아가 보호자가 두세 걸음 떨어져서 "기다려!"를 지시한다. 반려견이 자리를 지키면 돌아와 보상을 준다. 만약 중간에 움직이면 "안 돼~"라고 차분히 말하고 다시 자리에 앉힌 후, 기다리게 한다. 중요한 건 실패를 혼내지 않고 다시 연습하는 것이다.

이때 꼭 기억할 것은, 훈련이 끝났다는 해제 신호를 일관되게 사용해야 한다. 나는 보통 "옳지!"라고 하거나, 반려견의 이름을 부르며 자유 시간을 알린다. "기다려!"가 끝났다는 명확한 신호가 있어야 반려견이 다음 행동으로 넘어갈 수 있다.

'기다려' 훈련의 2단계 | 실외로 확장하기

실내 훈련이 안정되면, 공원이나 골목 같은 외부 환경으로 이동한다. 처음엔 방해 요소가 적은 곳에서 짧게 연습하고, 이후에는 다른 개나 사람이 있는 장소에서 "기다려!"를 시도해 본다. 익숙해지면 리드 줄을 바닥에 놓고 몇 미터 떨어졌다가 다시 돌아오기도 한다.

기억에 남는 반려견 중 하나는 슈나우저 '짱'이었다. 짱이는 음식만 보면 정신을 못 차리는 아이라서, 밥그릇만 들면 팔짝팔짝 뛰며 들이대는 게 일상이었다. 보호자는 "'기다려' 같은 건 절대 불가능해요."라고 단정 지었지만, 나는 단호하게 말했다.

"'기다려'는 누구나 배울 수 있어요. 단, 보호자가 진짜 기다릴 줄 안다면요."

우리는 밥그릇을 놓고 "기다려!"라고 말한 후 짱이를 앉혔다. 짱이가 움직이면 밥그릇을 다시 치웠고, 다시 앉혔다. 그렇게 10번 넘게 반복하자, 결국 짱이는 멈춰서 보호자를 쳐다봤다. 그 순간 "옳지!" 하고 밥을 줬다. 그날 이후, 짱이는 점점 기다리는 습관을 익혔고, 결국 "기다려!"라는 말만으로도 침착하게 자리를 지킬 수 있게 되었다.

기다림 속에서 배우는 감정 조절

'기다려'는 단지 행동을 멈추게 하는 훈련이 아니다. 반려견에게 감정 조절을 가르치는 교육이다. 특히 산책 중 자극적인 상황, 공을 던지기 전, 간식이 보일 때 등 다양한 상황에서 "기다려!"는 감정을 조절하는 강력한 기술이 된다. 궁극적으로는 '기다리면 좋은 일이 생긴다'

라는 긍정적인 학습으로 이어진다.

어떤 보호자는 이렇게 말했다. "처음엔 우리 애가 왜 이렇게 조급할까 고민했어요. 그런데 기다려 교육을 반복하다 보니, 생각보다 차분한 아이더라고요."

'기다려' 훈련의 핵심은 일관성, 그리고 성공을 칭찬으로 연결해 주는 보상의 타이밍이다. 실패했을 땐 혼내지 말고, 다시 반복하는 것. '기다려'는 반려견에게 '스스로 다스리는 법'을 가르쳐주는 아주 특별한 훈련이다.

'기다려' 교육의 완성, 그 놀라운 수준까지

많은 보호자가 '기다려' 교육은 1~2분 정도 자리를 지키는 수준으로 만족하지만, 보통 반려견 학교에서는 그 이상의 참을성을 훈련한다. 실제로 오랜 교육을 받은 반려견들은 2시간, 3시간도 한자리에 앉아 기다릴 수 있다. 옆에서 다른 개들이 뛰어놀아도, 낯선 사람이 다가와 말을 걸어도 움직이지 않는다. 심지어 다른 개들이 옆에서 맛있게 식사해도, 자신은 "기다려!"라는 명령을 끝까지 지킨다.

내가 키운 반려견들도 마찬가지다. 여행을 가서 차에 반려견을 남겨두고, 차 문을 활짝 열어둔 채로 카페에 가더라도 "기다려!"라고 말하면, 내가 커피를 다 마시고 돌아올 때까지 그 자세 그대로 기다린다. 누군가 다가와 맛있는 간식으로 유혹해도, 눈길 한 번 주지 않고 앉아 있는 모습을 보면 손님들은 깜짝 놀라곤, "개가 어떻게 사람보다 더 참을성이 많죠?"라며 감탄한다.

　그 정도의 훈련은 단시간에 이루어지는 게 아니다. 오랜 반복과 철저한 일관성, 그리고 보호자의 진심 어린 인내심이 쌓여서 만들어진 결과다. 하지만 분명한 건, '그 누구라도 가능하다는 것'. 반려견의 능력을 제한하지 말고, 스스로 먼저 믿고 훈련을 시작해 보자.

　당신의 반려견이 오늘도 뭔가에 흥분해 통제가 안 되는 상황이 있다면, 바로 지금이 '기다려' 훈련을 시작할 때일지도 모른다.

화장실 실수 없는
'배변 교육'

반려견의 배변 실수 문제는 모든 보호자에게 있어 가장 흔하면서도 가장 큰 스트레스를 유발하는 고민 중 하나다. 하지만 이 문제는 혼내거나 억지로 참게 해서 해결되는 일이 아니다. 반려견의 습성과 감정, 환경을 이해하고 '함께 맞춰 가는 자세'로 접근해야 한다.

대소변 실수에는 여러 원인이 존재한다. 아주 어릴 적 사회화 시기에 배변 훈련을 배우지 못했거나, 이사나 낯선 손님의 방문처럼 스트레스를 받는 상황이거나, 혹은 단순히 일과에서 화장실 갈 기회를 놓쳤을 수도 있다. 가끔은 건강상의 문제로도 이런 실수가 생기기 때문에 반복되는 경우엔 수의사의 상담이 필요할 수도 있다.

무엇보다 중요한 건, 반려견이 실수할 수 있는 존재라는 걸 인정해야 한다. 실수했다고 혼내기보다는, 왜 그런 행동이 나왔는지를 함께 찾아야 한다.

실내 배변과 야외 배변의 각각 다른 교육 방식

실내 배변은 특히 이제 막 태어난 강아지이거나 날씨, 건강 상태 때문에 외출이 어려운 경우에 꼭 필요한 훈련이다. 이 경우 가장 중요한 것은 배변 장소를 정해 주는 것이다. 배변 패드는 항상 같은 자리에 두고, 그 외의 카펫이나 푹신한 바닥 등 실수할 수 있는 환경은 미리 제거하거나 차단해 두는 것이 좋다. 많은 강아지가 발바닥 촉감을 기준으로 장소를 판단하기 때문에, 배변 패드와 유사한 질감의 바닥은 혼란을 줄 수 있다.

배변을 유도하기 위해 처음에는 유도제나 이전 배변을 살짝 묻힌 패드를 사용하는 것이 좋다. 냄새는 반려견에게 있어 가장 강력한 정보 전달 수단이기 때문이다. 성공했을 때는 "잘했어, 그래 여기야!" 하며 간식과 칭찬을 아끼지 말자. 반대로 실수한 경우에는 혼내지 않고 조용히 치우고 냄새를 완전히 제거해야 한다. 잘못된 장소에 배변의 냄새가 남아있으면 실수가 반복된다.

야외 배변의 경우, 주로 산책 중 이루어지기 때문에 시간 관리가 핵심이다. 식사 후 10~20분, 낮잠 후, 물을 마신 직후 등 배변이 예상되는 시간대에 같은 장소로 안내하면 예측 가능성과 안정감을 줄 수 있다. 같은 시간, 같은 장소는 반려견들에게 학습의 틀이 된다. 하루에 7~8회 이상 장소를 안내하며 성공을 유도해야 한다.

한 보호자가 나에게 이렇게 말했다. "선생님, 우리 강아지는 화장실 가는 법도 잘 배워놓고는, 혼자 있으면 꼭 소파나 침대 위에 실수를 해요."

나는 이렇게 되물었다. "혹시 그럴 때 집에 손님이 왔거나, 평소보다 외출이 길어지지 않았나요?"

그 보호자는 깜짝 놀라며 고개를 끄덕였다. 결국 이것은 단순한 배변 실수가 아니라 불안과 긴장의 표현이었다. 이럴 땐 배변 교육보다 정서적인 안정이 우선이다.

반려견의 실수는 단순한 행동 문제가 아니라 '메시지'일 수 있다. 그 상황에서 보호자가 감정적으로 반응하면, 반려견은 오히려 더 위축되고 불안해져 실수를 반복하게 된다. 화를 내는 대신, 보호자는 자신의 반려견이 왜 그런 행동을 했는지를 먼저 생각해야 한다.

배변 훈련 방법을 단계적으로 실행해 보자.

① 장소 지정: 실내든 실외든, 반복적으로 같은 장소로 안내하며 냄새를 남기자.

② 타이밍 포착: 식사 후, 잠에서 깬 후, 산책 후 등의 시점에 맞춰 유도한다.

③ 즉시 보상: 배변 직후, 그 자리에서 바로 칭찬을 하고 간식을 준다.

④ 실수 대처: 혼내지 말고 조용히 정리, 냄새는 완전히 제거한다.

⑤ 방해물 제거: 실수할 수 있는 환경(카펫, 푹신한 쿠션 등)은 미리 치운다.

⑥ 배변 신호 주기: 배변할 때가 되면 '쉬~', '배변' 등의 유도 신호도 함께 교육한다.

내가 훈련했던 요크셔테리어 '꽃남이'는 처음엔 배변 장소가 정해지지 않아 하루에 5번 이상 실수하던 아이였다. 하지만 식사 후 30분, 물 마신 직후, 놀이가 끝난 뒤마다 배변 장소로 데려가 "이곳이야, 잘했어!"를 반복하며 훈련하자 단 2주 만에 실내에서도 완벽한 배변 습관이 생겼다. 이후 야외 훈련으로 이어가자, 꽃남이는 배변 시간이 되면 현관 앞에 서서 문을 긁으며 '신호 보내기'까지 하게 되었다.

이처럼 배변 교육은 가장 어려운 교육이지만 또 가장 쉽게 교정이 되는 교육이기도 하다.

배변 교육은 단순히 집을 깨끗하게 유지하기 위한 것이 아니다. 반려견이 '기다리는 법', '표현하는 법', '칭찬받는 법'을 배우는 과정이다. 또한 보호자가 반려견을 이해하고 신호를 읽는 훈련이기도 하다.

빠른 결과를 기대하기보다는, 하나의 습관이 만들어지는 데는 시간이 필요하다는 것을 기억하자. 실수는 성장의 일부이고, 기다려주고 응원해 줄 때 진짜 배움이 일어난다.

반려견이 정해진 자리에서 편안하게 배변을 마치고 보호자를 올려다보는 그 순간, 훈련은 단순한 기술이 아니라 신뢰와 관계의 표현이 된다.

그리고 꼭 기억하자. 실수를 탓하지 않고, 함께 방법을 찾아가는 그 마음이 배변 교육의 시작이다.

어울려 살아가는 힘, '사회화 교육'

'사회화 교육'은 반려견이 건강하게 세상과 연결될 수 있는 가장 중요한 기본기다. 다양한 사람, 환경, 소리, 동물과의 긍정적인 경험은 반려견의 자신감과 안정된 성격을 만들어주고, 일상에서 발생할 수 있는 스트레스 반응을 줄여준다. 사회화가 잘 된 반려견은 공공장소에서도 차분히 행동하고, 다른 개나 사람을 만났을 때도 무리 없이 어울릴 수 있다.

하지만 사회화가 부족하면 낯선 자극에 과도하게 흥분하거나 불안, 공격성, 회피 행동 등을 보일 수 있다. 어떤 반려견은 자전거나 유모차만 봐도 짖고, 어떤 반려견은 다른 개에게 지나치게 겁을 먹고 물러서기도 한다. 이 모든 것은 낯선 상황에서 어떻게 반응해야 할지를 배우지 못했기 때문이다.

사회화 교육의 골든 타임은 생후 3주부터 약 16주까지다. 이 시기에는 다양한 자극을 받아들이는 수용성이 가장 높기에, 되도록 많은 사람, 다양한 환경, 다른 개들과 접촉할 기회를 많이 주는 것이 중요하다. 단, 무작정 노출하기보다는 차분하고 안전하게, 긍정적인 경험으로 기억될 수 있도록 천천히 접근해야 한다.

나는 종종 보호자들에게 이렇게 말한다.

"사회화는 그냥 노출이 아니에요. 좋은 기억으로 남는 '첫인상 만들기'예요."

예전에 훈련했던 재페니즈 친 '초롱이'는 사회화가 전혀 되지 않은 채 생후 6개월이 넘도록 집 안에서만 지냈다. 처음 반려견 학교에 왔을 때, 지나가는 사람의 발소리에도 벌벌 떨었고, 청소기 소리가 나자 구석에 숨어버렸다. 나는 초롱이와 하루에 10분씩 조용한 길을 산책하며, 멀리서 자전거나 차량이 지나갈 때마다 간식을 주고 "괜찮아, 잘했어."를 반복했다. 한 달쯤 지나자 초롱이는 오히려 낙엽이 바람에 날리면 잡으려고 장난도 치기 시작했고, 사람을 보면 조심스럽게 다가가는 아이가 되었다.

사회화는 단지 '사람'이나 '다른 개'에게 익숙해지는 것만을 의미하지 않는다. 낙엽이 바스락거리는 소리, 우산 펴는 소리, 청소기, 믹서기, 오토바이 소음, 엘리베이터, 동물병원, 미용 소리, 현관 벨 소리 등 일상적인 자극들도 모두 중요한 사회화 대상이다. 그 자극들을 처음 만나는 순간이 편안하게 기억될 수 있도록 도와주는 것이 보호자의 역할이다.

사회화 교육에서 무엇보다 가장 중요한 건 보호자의 태도다. 반려견이 새로운 자극을 마주했을 때, 보호자가 차분하고 안정된 모습을 보이면 반려견은 '이건 괜찮은 일이구나.'라고 느낀다. 반면 보호자가 초조해하고, 긴장한 태도를 보이거나 억지로 끌고 가면, 그 상황은 두려움의 기억으로 각인된다.

실제 보호자와의 대화를 예로 들어보자. 풍산개 '망고'가 반려견 학교에 왔다.

"선생님, 우리 아이는 다른 강아지만 보면 짖어요. 공격성인가요?"

"혹시 어릴 때 다른 개들과 잘 어울려본 적이 있나요?"

"없어요. 처음으로 산책갔을 때 다른 개가 갑자기 짖어서 무서워한 이후로, 다른 개만 보면 난리가 나요."

이런 사례는 매우 흔하다. 한 번의 부정적인 경험이 사회화 실패로 이어지고, 그 기억이 쌓이면 공격성이나 회피 행동으로 발전할 수 있다. 그렇기 때문에 첫 경험이 긍정적이어야 하며, 반복 노출보다도 '어떻게 느끼게 했는가'가 더 중요하다.

사회화는 생후 4개월 이후부터 꾸준히 이루어져야 한다. 처음 사람이 많은 공원에 가는 날이라면 사람들과 멀리 떨어진 곳에서 소리만 듣게 하고 간식을 주며 앉아 있다가, 다음 날은 조금 더 가까이 머무르며 긍정적인 감정을 형성해 준다. 이를 '탈감작'과 '긍정적 조건형성'을 활용한 '점진적 사회화'라고 부른다.

나는 보호자들에게 이렇게 말한다.

"사회화는 교육이라기보다 '동행'이에요. 아이가 세상을 배워가는 여정을, 보호자가 옆에서 함께 걸어가 주는 거죠."

서두르지 않아도 된다. 억지로 밀어붙이지 않아도 된다. 가장 중요한 건 반려견이 믿고 따라올 수 있는 보호자의 태도다. 반려견이 세상을 마주할 수 있게, 매일 조금씩, 자신감을 채워주는 일. 이것이 사회화 교육의 본질이다.

사회화는 특정 시기에 끝나는 게 아니다. 평생 보호자와 함께 다양한 경험을 쌓아가며 이어지는 삶의 교육이다. 조용히, 차분하게, 그리고 반복적으로. 그렇게 우리는 '어울려 살아가는 힘'을 만들어갈 수 있다.

차 타는 걸 무서워하는 아이의 '이동 교육'

반려견이 차를 무서워하는 이유는 단순한 성격 문제도, 한두 번의 멀미 때문도 아니다. 많은 경우 반려견은 '차'라는 낯선 공간, 그 안에서 느끼는 소리, 진동, 밀폐감, 그리고 무엇보다 '차를 타고 갔던 경험'을 불편한 감정으로 기억하고 있기 때문이다.

"선생님, 차 문만 열어도 도망가요.", "목적지에 도착하면 이미 지쳐서 아무것도 못 해요.", "멀미도 심하고, 차에서 내리면 안기려 해요."

이런 보호자들의 말은 전혀 낯설지 않다. '이동'은 우리에겐 일상이지만, 반려견에겐 낯선 환경 변화, 통제감 상실, 그리고 '나쁜 일이 벌어졌던 상황'으로 인식되기 쉽다.

지금부터는 '이동'을 자연스럽게 일상으로 받아들이기 위한 '이동 교육'을 소개해 보겠다.

1단계 | 부정적인 연상 끊어주기

대부분의 반려견은 차를 탈 때마다 병원, 미용실과 같은 불편한 목적지에 갔던 경험이 누적되어 있다. 그래서 '차 = 불쾌한 장소'라는 부정적 연상을 하고 있다. 이를 끊기 위해선, 이동의 목적부터 바꿔야 한다. 처음에는 단 3분 거리라도 좋다. 반려견이 좋아하는 공원, 친구 집, 혹은 간식을 사러 가는 드라이브처럼, '차를 타고 갔더니 즐거운 일이 생긴다'라는 기억을 새롭게 만들어야 한다.

예전에 훈련했던 스피츠 '봉구'는 병원에 갈 때만 차를 탔던 탓에, 운전석 문만 열면 사라지는 녀석이었다. 나는 보호자에게 매일 5분 거리의 공원 드라이브를 제안했고, 봉구는 단 일주일 만에 승차에 대한 경계심을 풀었다. 그리고 열흘쯤 지나자, 스스로 뒷문 앞에 앉아 기다리기까지 했다.

2단계 | 차 안에 익숙해지도록 하기

시동을 끈 상태에서 차 문을 열어두고, 반려견이 자유롭게 차를 탐색하도록 해 보자. 이때 간식과 장난감을 함께 활용하면 '차 안 = 편안한 공간'이라는 인식을 심어줄 수 있다. 이 과정을 '탈감작'이라고 부르며, 짧게는 1분, 길게는 10분 이상, 매일 반복해 주는 것이 좋다. 반려견이 차 안에 앉아 있거나 엎드려 있는 시간이 늘어날수록, 이후 실제 이동 시에도 안정감을 느끼게 된다.

3단계 | 명령어로 안정감 주기

"기다려!", "앉아!", "이리 와!"와 같은 이미 학습된 명령어를 차 안에서 활용하면, 반려견은 그 공간을 '훈련과 칭찬이 이루어지는 장소'로 인식하게 된다. 내가 훈련했던 말라뮤트 '마루'는 처음 차를 탔을 때 거친 하울링을 했고, 침 흘림도 심했다. 하지만 차 안에서 "앉아!"를 시키고, 5초마다 칭찬을 반복하며 점점 시간을 늘리자, 결국 10분 이상 안정된 상태로 머무를 수 있게 되었다.

4단계 | 실제 이동, 그리고 긍정적 마무리

처음에는 시동만 걸고 차 안에 있다가 내리는 연습부터 시작한다. 그다음엔 짧은 거리(2~3분)를 이동하고, 이후 조금씩 늘려가며 차량 이동에 익숙해지도록 하자. 이동 후에는 무조건 놀이 또는 간식, 반려견이 좋아하는 활동으로 마무리해 '차를 탔다 ⋯→ 좋은 일이 생겼다'라는 연상 학습을 반복하는 것이 중요하다.

보호자가 실수하는 대표적인 패턴 중 하나는 '도착하자마자 바로 병원으로 들어가기' 혹은 '차에서 내리는 순간 잡아끌기'다. 이럴 때 반려견은 이동하기 전의 전체 과정을 스트레스로 인식하게 되므로, 반드시 이동 후 잠시 안정의 시간과 보상을 먼저 해 주는 것이 좋다.

5단계 | 멀미가 의심된다면 수의사와 상담

반려견이 자주 침을 흘리거나 헛구역질, 떨림, 구토, 지나친 하울링 등을 보인다면, 멀미나 이석증 등 생리적 반응일 수 있다. 이런 경우는 교육만으로 개선되지 않을 수 있으므로, 수의사의 상담을 통해 멀미약 처방이나 진정 보조제를 활용할 필요가 있다.

또한 많은 보호자가 간과하는 부분이 있다. 바로 '견종에 따라 멀미 반응의 차이가 있다'는 사실이다. 반려견 학교에서 수백 마리의 반려견을 교육해 온 경험에 따르면, 진돗개처럼 자연 발생적으로 이어져 온 토종 견종들은 차 이동에 대한 멀미 반응을 보이는 경우가 유난히 많다. 이런 아이들은 생후 초기부터 차를 타본 경험이 적고, 본능적으로 이동에 대한 경계심이 강하다.

반면 독일의 셰퍼드나 말리노이즈처럼 작업을 위해 개량된 견종들은 훈련 적응력이 높고, 처음부터 멀미 반응이 거의 없는 경우도 많았다. 그래서 자신의 반려견이 멀미에 취약한 견종일 가능성이 있다면, 더 차분하게 접근해야 한다. 처음부터 장거리 이동은 피하고, 반드시 짧은 거리부터 반복하며 좋은 경험을 쌓아가야 한다. 견종마다 다른 특성을 이해하고 배려하는 것이 이동 교육의 첫걸음이 될 수 있다.

<u>이동 교육은 '믿음의 훈련'이다.</u> 차는 '밀폐된 환경', '낯선 소리', '통제된 움직임'이 모두 동시에 일어나는 공간이다. 반려견에게 있어 그 공간을 편안하게 느끼게 만드는 가장 강력한 안정제는 바로 보호자의 태도와 좋은 기억의 반복이다.

"우리 아이는 절대 차를 못 타요."라고 단정 짓는 보호자들에게 나는 항상 이렇게 말한다.

"아직 차를 '좋은 곳으로 데려가는 친구'라고 배운 적이 없을 뿐이에요."

반려견의 변화는 언제나 반복과 기다림 속에서 온다. 그리고 그 시작은 늘 보호자의 믿음과 따뜻한 태도에서 시작한다.

차를 무서워하는 반려견도, 어느 날 조용히 뒷자리에 올라타 창밖을 바라보게 될 것이다. 그날이 오면, 단순한 '이동'이 아닌, 보호자와 함께하는 '여정'이 시작된다.

· 6장 ·

문제행동 교정

반려견의 행동을 바꾸는 방법

너무 짖어요
'헛짖음' 교정하기

보호자가 외출하면 돌아올 때까지 하울링을 하거나 작은 소리에도 과민한 반응을 보이며 짖는 반려견에 관한 훈련 문의가 정말 많다.

반려견이 짖는 데는 정말 많은 이유가 있을 것이다. 낯선 사람을 보고 짖고, 이상한 소리에 짖고, 배가 고파서 짖고, 심심해서 짖고, 혹은 보호자의 관심을 끌기 위해 짖기도 한다.

문제는 이 '짖음'이 어떤 특정 상황과 관계없이 계속해서 반복될 때다. 이럴 때 보호자들은 보통 "안돼!", "쉿!" 하며 소리를 지르거나, 간식으로 달래기도 한다. 그런데 이런 반응은 대부분 도움이 안 되고, 오히려 반려견에게 '짖으면 무슨 일이 일어난다'라는 잘못된 학습을 인식시킬 수 있다.

그래서 우리가 쓸 수 있는 방법이 바로 '조작적 조건화'와 '탈감작'이다. '조작적 조건화'는 어떤 행동 뒤에 좋은 일이 생기면 그 행동을 더 자주 하게 되고, 나쁜 일이 생기면 줄어들게 되는 원리고, '탈감작'은 두려움이나 흥분을 일으키는 자극에 조금씩 익숙하게 해 주는 훈련이다.

'헛짖음', 이렇게 고쳐보자

●STEP 1● 짖는 이유부터 찾아야 한다

무조건 짖음을 없애려 하지 말고, 우선 '왜 짖는지'를 정확히 보는 게 제일 먼저다.

- 초인종 소리에 짖는 경우 ⋯ 놀람, 경계심
- 산책 중 다른 개를 보고 짖음 ⋯ 과잉 흥분, 혹은 두려움
- 보호자가 외출할 때 짖음 ⋯ 분리불안
- 밥 달라고 짖음 ⋯ 주목받기 위한 행동

이렇게 어떤 자극이 어떤 반응을 유도하는지를 관찰하는 건 고전적 조건형성과도 연결된다. 특정 자극(예: 초인종 소리)과 짖는 반응이 반복되면, 그 자극 하나만으로도 자동으로 짖게 되는 것이다.

어느 날 보호자 한 분이 이런 고민을 털어놨다. "우리 집 비글 몽이는 창밖에 뭐만 지나가면 짖어요. 특히 오토바이 소리나 택배 아저씨를 보면 난리가 나요." 그래서 나는 몽이의 반응을 유도하지 않는 선에서 창문 너머 오토바이 소리와 사람의 기척을 휴대전화로 녹음하게

했다. 그리고 몽이에게 낮은 볼륨의 소리를 들려주며 차분한 상태를 유지할 때마다 간식과 칭찬을 반복하게 했다. 이건 단순한 훈련이 아니라, 감정의 연결고리를 끊어주는 작업이었다.

●STEP 2 ● 조용함을 칭찬해 준다

예를 들어 초인종 소리에 짖는 아이를 훈련한다고 해 보자. 휴대전화에 초인종 소리를 녹음해서 아주 낮은 볼륨으로 들려준다. 그때 반려견이 조용히 있으면 바로 간식을 주고 칭찬을 한다. 이 과정은 아주 중요하다. '조용한 상태'에 좋은 기억이 생겨야 한다. 그리고 소리의 크기를 아주 천천히 높여가며 반복한다. 이렇게 하면 초인종 소리가 들려도 '조용히 있어야 좋은 일이 생긴다'라는 인식이 생기게 된다.

●STEP 3 ● 대체 행동 알려주기

짖는 대신 다른 행동을 알려주는 것도 정말 효과적이다. 예를 들어 초인종이 울리면 "앉아!"를 시킨다. 그리고 앉아 있는 동안만 간식을 주는 것이다. 그러면 아이는 '앉아 있으면 보상이 생긴다'라고 배우게 된다. '짖음'을 '앉기'라는 행동으로 바꿔주는 것이다. 이게 바로 조작적 조건화의 전형적인 활용이다.

내가 훈련했던 진돗개 '진순이'도 처음엔 사람만 보면 짖는 아이였다. 보호자는 "진순이는 우리 집 경비원이에요. 근데 너무 성실해서 문제예요."라며 웃었지만, 실제로는 이웃 민원이 계속 들어오고 있었다. 그래서 진순이에게는 "앉아!" 명령어를 짖음과 연결하지 않도록 따로 훈련한 뒤, 초인종 소리에 맞춰 '앉기'를 유도했다. 짖는 대신 앉는 걸 반복하면서, 진순이의 짖음은 점차 줄어들었다. 그리고 얼마 뒤 보호자가 "우리 아이가 달라졌어요."라고 말했을 때, 그 뿌듯함은 정말 컸다.

●STEP 4● 조용함을 점점 늘려보기

이번 과정은 보호자들이 자주 놓치는 부분이다. 짖는 행동은 주목받기 위해 나오는 경우가 많다. 그래서 짖을 땐 무반응, 조용할 땐 바로 보상! 이렇게 해 줘야 한다. 처음 3초 동안 조용하면 간식을, 5초 동안 조용하면 칭찬과 간식을, 10초 동안 조용하면 장난감을 주는 식으로 점점 시간을 늘려보는 것이다. 이를 '점진적 강화'라고 한다.

●STEP 5● 실수해도 괜찮다

처음부터 완벽하게 조용할 수는 없다. 2초라도 조용하면 칭찬해 준다. 그리고 무엇보다 중요한 건 보호자가 짜증을 내지 않고, 일관되게 반응하는 것이다. 그래야 아이도 이렇게 배운다. '아, 조용히 있으면 좋은 일이 생기는구나!'

훈련사 조언 짖음은 감정에서 시작된다

'짖는다'는 건 결국 불안, 흥분, 경계 같은 감정의 표현이다. 그래서 이 감정을 다뤄주는 게 정말 중요하다. 어떤 사람들은 너무 갑자기 큰 자극을 주며 "익숙해져야지!" 하는데, 이건 홍수법처럼 오히려 스트레스를 줄 수 있다. 반대로 탈감작은 작은 자극부터 차근차근 익숙해지게 하는 것이라 훨씬 안전하고 효과적이다.

우리가 원하는 건 '억지로 참는 침묵'이 아니라, '마음이 편안한 조용함'이다. 그러려면 결국 보호자가 아이를 더 잘 이해해 주고, 기다려주는 태도가 먼저다. 훈련은 기술이 아니라, 관계에서 시작된다는 걸 꼭 기억하자.

사람을 물어요
'공격성' 교정하기

반려견이 갑자기 사람을 향해 으르렁거리거나 무는 행동을 보이면, 보호자들은 대부분 깜짝 놀라며 당황한다. 어떤 보호자는 그 자리에서 기가 죽어 아무 말도 못 하고, 어떤 보호자는 큰소리로 혼내며 다그친다.

반려견 학교에 오는 반려견 중엔, 낯선 사람을 보면 으르렁거리거나, 다른 개만 보면 흥분해서 달려드는 아이가 꽤 많다. 심지어 가족들을 물어 찾아오는 아이도 있다.

보호자 입장에선 너무 당황스럽고 무서울 것이다. "얘가 갑자기 이러는 이유가 뭔가요?", "어제는 안 그랬는데 오늘은 왜 사람을 물죠?"라는 질문도 듣는다. 하지만 반려견이 사람을 무는 행동은 갑자기 생긴 문제가 아니다. 반려견의 공격성은 단순히 '사나운 성격'으로 판단해서도 안 된다. 대부분은 불안, 두려움, 위협감, 혹은 통제욕에서 비롯된 감정적 반응이다.

그러니까 무는 행동은 '소통의 실패'다. 개는 말 대신 몸짓과 표정으로 감정을 표현하고, 그 표현이 무시되었을 때, 결국 마지막 수단으로 '물기'를 선택하는 것이다.

그 감정을 이해하지 않고 겉으로 드러나는 행동만 억누르려고 하면, 문제는 더 깊어진다. 보통 공격성은 크게 두 가지로 나눌 수 있다. 하나는 '우위 공격성', 또 하나는 '타 동물 공격성'이다.

우위 공격성 l "내가 이 집 리더야!"

'우위 공격성'은 개가 자신을 '무리의 리더'라고 착각할 때 생긴다. 이런 성격의 반려견은 보호자의 통제를 받지 않으려고 하거나, 자신의 요구가 거절되었을 때 으르렁거리거나 무는 행동으로 대응한다. 특히 '내가 먹고 싶을 때 먹고, 놀고 싶을 때 놀고, 쉬고 싶을 때 쉰다'라는 식으로 모든 선택권이 반려견에게 주어진 가정에서는 이런 유형이 더 자주 나타난다. 스스로가 서열상 더 위에 있다고 느끼기 때문이다.

타 동물 공격성 l "다른 개만 보면 흥분해요"

주로 다른 개나 동물만 보면 흥분하고 달려드는 행동이다. 사냥 습성이 강한 견종, 혹은 과거에 나쁜 기억이 있었거나, 사회화 부족으로 낯선 존재를 두려워하거나 방어적으로 반응하는 경우다.

공격성, 이렇게 고쳐보자

● STEP 1 ● '무는 상황'을 분석하자

무는 행동은 갑자기 벌어지는 게 아니다. 그 전에 반드시 신호가 있다. 으르렁거림, 몸 낮추기, 단단하게 굳은 눈빛, 몸을 뻣뻣하게 세우는 행동 등이 바로 그 경고들이다.

보호자는 이 카밍 시그널을 놓치지 말아야 한다.

"얘가 아까부터 간식을 줄 때 손을 살짝 피했어요. 그때 눈빛도 좀 이상했는데…."

⋯▸ 이것이 바로 경고였다.

이 경고들을 무시하면 반려견은 "이제 말이 안 통하니까 확실하게 내 방식대로 행동할게."라는 뜻으로 물게 되는 것이다.

● STEP 2 ● 단호하고 감정 없는 경계 설정

공격성 교정에서 제일 중요한 건 보호자의 감정 통제다. 화를 내거나 겁을 먹으면 반려견은 더 흥분하거나 불안해한다. "안돼!"라고 단호하게 말하고, 바로 등을 돌려 시선을 끊거나, 리드 줄을 짧게 당겨 제자리에 앉히는 것이 좋다.

예전에 내가 훈련했던 달마티안 '석만이'는 사람들에게 자주 으르렁거리는 반려견이었다.

보호자는 "무서울 때마다 소리를 지르거나 다른 곳으로 간식을 던져요. 그러면 안 물어요."라고 말했다. 하지만 이는 문제를 회피한 것이다. 석만이는 리더십 없는 보호자를 대신해 스스로 가족을 지키려

했다. 그래서 나는 석만이에게 일관된 규칙을 정해줬다. "앉아!", "기다려!", "하우스."를 반복하며 리더십을 재정립했고, 보호자도 더는 감정적으로 반응하지 않도록 훈련했다.

●STEP 3● 우위 공격성에 대한 훈련

리더십은 '먼저 행동하는 것'에서 생긴다. 밥, 산책, 놀이도 보호자가 먼저 시작하고 먼저 끝내야 한다. 보호자가 리더십을 갖기 위해서는 NILIF 훈련Nothing In Life Is Free(미국의 동물행동 전문의들의 훈련 중 하나로, '세상에는 공짜가 없다!'라는 슬로건을 담고 있다)을 해야 한다. 이 훈련은 보호자가 허락해야만 간식, 장난감, 놀이를 얻을 수 있다는 원칙을 반복해 학습시키는 것이다. 먼저, 기본 명령어로 주도권을 되찾는다. "앉아!", "기다려!", "하우스"는 보호자가 주도권을 쥐고 있다는 중요한 신호다.

●STEP 4● 타 동물 공격성에 대한 훈련

- **거리 유지 훈련** 다른 개를 볼 때 너무 가까이 다가가면 이미 통제가 어렵다. 처음엔 멀리서부터 시작해서, 조용히 있을 때 보상을 준다.
- **탈감작+역조건화 훈련** 다른 개를 봐도 좋은 일이 생긴다는 걸 학습시킨다. '보자마자 앉기 ⋯ 보호자 보기 ⋯ 간식'. 이 상황을 수백 번 반복한다.
- **주의 전환 훈련** 다른 개에게 시선을 뺏기기 전에 "이리 와!", "앉아!" 등으로 보호자에게 집중하게 한다.

•STEP 5• 반복과 일관성, 그리고 기다림

한두 번으로 되는 훈련은 없다. 물던 아이가 멈추기까지는 '신뢰'라는 과정을 반드시 거쳐야 한다. 무는 행동을 고치려면, 먼저 그 안에 숨겨진 감정을 파악해야 한다.

'물면 혼내야지'가 아니라, '왜 물었을까?'에서부터 시작하는 게 진짜 훈련이다.

훈련사 조언 공격성은 '힘'이 아니라, '불안'에서 나온다

"우리 개는 공격성이 있어요." 이 말은 반려견의 성격을 너무 단정 짓는 말이다. 공격성은 성격이 아니라 감정의 결과이기 때문이다. 그래서 '소통의 실패'라고 부르는 게 더 맞다.

보호자는 질서를 세우는 사람이 되어야 한다. 감정은 내려두고, 차분하게, 그러나 단호하게.

그리고 반려견은 '내 말을 듣는 존재'가 아니라, '내 감정을 읽고 행동하는 존재'임을 이해한다면, 훈련은 한결 쉬워질 것이다.

입으로 표현하는 스트레스
'물어뜯기' 교정하기

　몇 년 전 방문 훈련을 하러 갔던 집에서 있었던 일이다. 견종은 비글이었고, 보호자는 매일 아침, 회사에 출근하고 저녁 늦게 돌아오는 생활을 하고 있었다. 그런데 퇴근 후 집에 들어갈 때마다 눈앞에 펼쳐진 건 충격적인 광경이었다. 현관문 하단은 반쯤 뜯겨 있었고, 그 위쪽도 군데군데 긁히고 파여 있었다. 반려견의 입은 온통 피로 얼룩져 있고, 상처투성이였다. 반려견이 문을 물어뜯고 밖으로 나오려고 했던 흔적인 것이다. 보호자는 반려견을 무척 사랑했지만, 날마다 반복되는 이 상황에 지쳐 있었다. "처음엔 스트레스를 많이 받았나 싶었어요. 근데 매일 이렇게 문이 망가지는 걸 보니까, 제가 뭘 잘못하고 있는 건가 싶더라고요."
　결국 보호자는 도움을 요청했고, 나는 이 반려견과 보호자가 다시 서로를 이해하고 소통할 수 있도록 하나하나 문제를 해결해 나갔다.

반려견이 집안의 슬리퍼, 쿠션, 소파, 심지어는 벽지나 가구 다리까지 뜯어놓는 모습을 보면 보호자들은 한숨부터 나온다. 하지만 이 행동을 단순한 '장난'이나 '버릇없음'으로 여기고 야단치기보다, 그 속에 담긴 심리적 원인을 먼저 이해하는 것이 중요하다.

<u>물건을 씹고 뜯는 행동은 대체로 스트레스 해소, 지루함, 분리불안, 혹은 어릴 때의 습관에서 비롯된다.</u> 특히 강아지의 경우 유치에서 영구치로 바뀌는 과정에서 잇몸이 근질거려 무언가를 씹고 싶은 본능적인 욕구가 생긴다. 이때 적절한 씹을 거리(장난감 등)를 제공하지 않으면 집안 물건이 그 대상이 된다.

물어뜯기 행동, 이렇게 고쳐보자

● STEP 1 ● 물건을 씹는 행동의 원인을 파악해 보자
- 하루 종일 혼자 있는 시간이 길다
  ⋯ 지루함, 분리불안일 수 있다.
- 특정 시간대나 상황에서만 뜯는 행동을 한다
  ⋯ 스트레스 반응일 가능성도 있다.
- 생후 4~7개월 사이의 강아지이다
  ⋯ 치아 발달기에 해당하는 본능적인 행동일 수 있다.

이런 원인을 파악하는 것은 '잠재적 학습Latent Learning'과도 관련 있다. 반려견이 어릴 때 자극(외로움, 불안, 심심함)과 특정 행동(뜯기)을

연결해 무의식중에 학습한 상태일 수 있기 때문이다.

●STEP 2● 적절한 대체 행동을 만들어주자

무작정 "안돼!"만 외치는 건 오히려 반려견에게 혼란만 준다. 대신 대체할 수 있는 씹을 거리를 적극적으로 제공해야 한다. 치카껌, 천으로 된 인형, 간식을 넣어 놀 수 있는 장난감(예: 코앤볼, 콩 토이 등)은 훌륭한 대안이다.

특정 시간대에 뜯는 행동이 반복된다면, 그 시간에 맞춰 사료를 채운 장난감을 줘보자. 물건을 뜯지 않고 적절한 장난감을 사용할 경우 즉시 칭찬하고 간식을 주자. 이것은 조작적 조건화의 적용으로 올바른 행동을 강화하는 방법이다.

●STEP 3● 환경을 바꾸고, 물리적 접근을 차단하자

자주 뜯는 물건은 반려견이 닿을 수 없는 곳으로 옮겨두거나, 그 공간 자체를 차단하자. 가구 모서리에는 반려견이 싫어하는 냄새(시트러스 스프레이 등)를 활용해 접근을 막는 것도 좋은 방법이다. 물건을 망가뜨리는 행동을 예방하기 위한 환경 설계는 훈련의 일환이다. 예를 들어 화분을 자꾸 파헤친다면 흙 표면에 큰 자갈이나 뚜껑 등을 덮어두는 것도 방법이다.

●STEP 4● 스트레스를 줄여주는 놀이를 하자

문제행동은 대부분 내면의 긴장감에서 출발한다. 신체 활동이 충분하지 않거나, 감정 해소 창구가 없을 때 물건 뜯기가 나타난다. 매일

30분 이상 산책, 터그 놀이, 후각 놀이 등으로 신체적·정서적 에너지 발산을 도와주자.

    이 과정은 반려견이 스트레스를 긍정적인 방식으로 해소할 수 있는 루틴을 만드는 것이 핵심이다. 이는 자기효능감 self-efficacy 과도 연결되며, 자신이 통제할 수 있는 행동을 통해 안정감을 얻는 경험을 하게 된다.

● STEP 5 ● '기다려' 훈련을 병행해 보자

    뜯는 행동을 줄이기 위해서는 단순히 장난감을 제공하는 것 외에도 반려견의 자기 통제력을 키워주는 것이 중요하다. '기다려' 훈련은 반려견이 감정적으로 흥분된 상황에서도 침착하게 인내심을 유지하는 능력을 기르는 데 큰 도움이 된다. 기다리는 연습을 통해 반려견은 보호자가 자리를 비우거나 관심을 주지 않는 상황에서도 안정적이고 차분하게 행동할 수 있는 능력을 얻게 된다.

● STEP 6 ● 건강 상태를 꼭 확인하자

    만약 물어뜯는 행동이 지나치게 반복되고, 훈련에도 쉽게 개선되지 않는다면 치아나 잇몸에 통증이 있지는 않은지 동물병원에서 검진을 받아보는 것도 필요하다. 단순한 습관이 아니라 신체적 불편감이 원인일 수도 있기 때문이다.

훈련사 조언 보호자도 실수할 수 있다

    물건을 뜯는 행동은 반려견의 잘못이라기보다, 종종 보호자의 준비

부족일 수 있다. 훈련은 단지 '가르치는 것'이 아니라 '실수를 설계하지 않는 것'에서부터 시작된다. 중요한 건 반려견이 바람직한 행동을 스스로 선택할 수 있도록 환경, 선택지, 보상을 잘 세팅해 주는 것이다.

물건을 뜯는 건, 사실 '나 심심해요', '지금 뭔가 불편해요'라는 반려견의 외침일 수 있다. 이 외침에 보호자가 어떻게 반응하느냐에 따라, 문제행동은 언제든 건강한 습관으로 바뀔 수 있다.

혼자 있지 못해요
'분리불안' 교정하기

"아이가 혼자 있을 때마다 짖고, 문을 긁고, 배변 실수까지 해요."

반려견 학교에 들어오는 보호자들의 가장 흔한 고민 중 하나가 바로 이 '분리불안'이다. 처음엔 막연히 '외로워서 그런가 보다'라고 생각하지만, 이 문제를 방치하면 반려견은 보호자가 외출할 때마다 극도의 스트레스를 느끼고, 이를 해소하기 위한 다양한 문제행동을 보이게 된다. 그리고 그 반복은 반려견에게도, 보호자에게도 큰 부담이 된다.

분리불안의 원인은 무엇일까?

'분리불안'은 보호자와 반려견 사이의 지나치게 강한 의존관계에서 비롯된다. 사람으로 치면 일종의 불안 애착 스타일에 가까운데, 보호자의 존재가 사라졌을 때 세상이 무너지는 것 같은 공포감을 느끼는 것이다. 또한, 어릴 때 너무 과보호를 받았거나, 입양 초기 충분한 독립성 훈련이 이루어지지 않은 경우, 갑작스런 환경 변화(이사, 가족 구성원의 부재) 등이 주요 원인이 되기도 한다.

반려견이 보내는 '분리불안 신호'

- 보호자가 외출하려는 낌새만 보여도 안절부절못하거나 문 앞을 막고 서 있음
- 외출 후 집에 돌아오면 과도하게 흥분하며 반가움 표현
- 혼자 있는 동안 짖거나 하울링, 배변 실수, 문 긁기, 파괴 행동
- CCTV로 관찰해 보면 분리 직후 한참을 돌아다니다 점점 불안한 행동을 반복함

이러한 반응은 단순한 장난이나 버릇없음이 아니다. 보호자가 없는 시간 동안, 반려견은 진심으로 '공포'에 가까운 감정을 경험하고 있는 것이다.

분리불안, 이렇게 고쳐보자

• STEP 1 • 외출 루틴을 무의미하게 만들기

보호자가 외출 전에 매번 반복하는 행동(가방 들기, 열쇠 챙기기, 신발 신기 등)은 반려견에게 '긴장 신호'로 학습돼 있다. 이 루틴을 일부러 반복하되 외출하지 않고 집에 있는 연습을 해 보자. 그러면 '이런 행동을 해도 보호자는 사라지지 않는다'라는 인식을 만들 수 있다.

● STEP 2 ● '혼자 있는 시간' 훈련하기

처음에는 단 10초에서 30초 정도 문밖에 나갔다가 다시 들어온다. 아무런 인사도 없이 조용히 나갔다가 조용히 들어오자. 반려견이 안정적으로 반응할 경우, 조금씩 시간을 늘려가며 혼자 있는 시간을 연습하게 한다. 이 방식은 심리학적으로 '탈감작' 기법과 연결된다.

● STEP 3 ● "기다려!" 명령을 함께 사용하기

"기다려!"는 분리불안 훈련의 핵심 명령 중 하나다. 보호자가 자리를 비워도 반려견이 침착하게 기다릴 수 있도록 반복 훈련을 병행하자. 짧은 거리에서 시작해 점차 보호자의 시야 밖으로 나가보는 연습이 필요하다.

● STEP 4 ● 외출 직후 반응은 담담하게

집에 돌아왔을 때 반려견이 너무 흥분하면, 바로 반응하지 않고 차분하게 기다렸다가 조용해졌을 때 인사해 주자. 미안한 마음에 너무 과하게 반겨주면 분리와 재회 사이의 감정 기복을 심화시켜 오히려 분리불안을 악화시킬 수 있다.

• STEP 5 • **지루하지 않게, 혼자 있는 시간을 설계하기**

혼자 있는 동안 반려견이 몰입할 수 있는 장난감, 퍼즐 급식기, 안전한 간식 등을 활용해 보자. 이런 활동은 스트레스를 줄이고, 독립성을 기르는 데 효과적이다.

▣ 훈련에 실패하거나 반응이 심하다면?

어떤 반려견은 일시적인 훈련만으로 분리불안이 쉽게 줄어들지 않을 수 있다. 특히 하울링이 심하거나, 스스로 몸을 해칠 정도로 스트레스가 강한 경우, 반드시 훈련사의 도움을 받아야 한다. 필요하다면 수의사와의 상담을 통해 항불안제 사용도 병행할 수 있다.

훈련사 조언 **조용히 떠나고, 조용히 돌아오자**

우리는 반려견을 사랑해서 떠나기 전에 꼭 껴안아 주고, 돌아와서도 "○○아, 보고 싶었어!" 하며 인사를 건네곤 한다. 하지만 그것이 반려견에게는 '이별은 큰일이야!'라는 메시지로 학습될 수 있다는 점을 기억하자.

<u>작은 훈련의 반복이, 반려견이 혼자서도 평온하게 있는 힘이 된다.</u> '분리불안 교정 훈련'은 보호자와 반려견 사이의 심리적 독립성을 위한 가장 중요한 훈련 중 하나다.

'내 거야!'가 지나칠 때
'과도한 소유욕' 교정

반려견 학교에 들어왔던 페키니즈 한 마리가 있었다. 이 아이는 자신이 깔고 있는 이불에 유독 집착이 심했다. 보호자가 조금만 가까이 가도 이불을 깔고 앉아 으르렁거렸고, 보호자의 손이 이불을 향하려 하면 입질까지 하곤 했다. 상담 중 보호자는 이렇게 말했다.

"훈련사님, 우리 애가 이불을 너무 좋아해요. 근데 문제는 이불을 치우려고 하면 공격적으로 변해요. 그냥 놔둬야 할까요?"

나는 웃으며 이렇게 답했다.

"그건 이불이 좋아서라기보다, 그 이불이 '자기 것'이라고 믿고 있기 때문이에요. 이불을 뺏기면 뭔가 잃는 기분이 드는 거죠. 이건 소유욕에서 비롯된 행동이에요. 우리가 그 감정을 바꿔줘야 해요."

반려견이 장난감을 물고 으르렁거린다거나, 누군가가 다가오면 먹던 간식을 숨기거나 갑자기 짖는 행동을 본 적이 있는가? 때로는 소파나 침대 같은 공간을 '자기 것'처럼 지키면서 낯선 사람이나 가족에게까지 공격적으로 반응하는 경우도 있다. 이런 행동은 소유욕에서 비롯된다. 반려견이 특정 물건, 공간, 사람에 대해 "이건 내 거야!"라는 인식을 하게 되면, 이를 지키기 위해 과도하게 경계하거나, 심한 경우 공격 행동까지 이어진다. 문제는 보호자가 이 행동을 애교로 여기고 방치할 경우, 점점 행동은 더 강해지고 넓어지며 생활 전반에 영향을 미치게 된다는 점이다.

과도한 소유욕은 왜 생길까?

소유욕은 본능이다. 야생에서는 먹이나 영역을 지키는 것이 생존과 직결되었기 때문이다. 하지만 가정에서는 이 본능이 과하게 발현될 경우 문제가 된다.

소유욕이 강해지는 데 영향을 주는 주요 원인은 다음과 같다.

- 자원을 잃을까 봐 불안한 심리: 물건을 뺏긴 경험이 반복되면, 반려견은 자원을 지키려는 본능이 강화된다.
- 리더십 부족: 보호자가 일관된 리더십을 보여주지 못할 경우, 반려견이 스스로 자원을 지켜야 한다고 느끼게 된다.
- 강화된 경험: 장난감을 물고 으르렁거렸더니 아무도 다가오지 않았다

면, 반려견 입장에서는 '내가 지켰다!'라는 성공 경험이 된다.

과도한 소유욕, 이렇게 고쳐보자

● STEP 1 ● 자원을 뺏지 말고, 교환하자

가장 흔한 실수가 "그거 내놔!" 하고 반려견의 입에서 억지로 장난감을 빼앗는 행동이다. 이럴 경우, 반려견은 뺏기지 않기 위해 더 강하게 물거나 숨기려 할 수 있다.

올바른 방법은 '교환 훈련'이다. 더 좋은 간식이나 장난감을 보여주며 "줘!"라는 명령을 사용하고, 반려견이 입에서 물건을 놓으면 즉시 보상을 준다. 이때 중요한 건 '주는 게 손해가 아니다'라는 인식을 만들어주는 것이다.

● STEP 2 ● '놔' 훈련을 반복하자

"놔!"는 소유욕 교정의 핵심 명령어다. '물건을 놓는 것 = 칭찬 + 보상'이라는 공식을 만들어주는 것이다. 처음엔 간단한 장난감부터 시작하고, 점차 반려견이 좋아하는 물건으로 확장해 보자.

● STEP 3 ● '기다려' 훈련을 병행하자

소유욕이 강한 아이일수록 충동 조절 능력이 떨어진 경우가 많다. '기다려' 훈련은 반려견에게 "지금은 내 차례야, 조금만 참자."를 가르치는 중요한 방법이다. 특히 밥그릇 앞이나 간식 앞에서 "기다려!"를 연습하면, 음식에 대한 소유욕도 자연스럽게 줄어들게 된다.

● STEP 4 ● 보호자를 '가장 풍부한 자원 제공자'로 인식시켜야 한다

반려견이 모든 자원을 자기 힘으로 쟁취해야 한다고 느끼면, 소유욕은 더욱 심해진다. 하지만 보호자가 꾸준히, 예측할 수 있게 모든 자원(먹이, 장난감, 산책, 놀이)을 제공하면 반려견은 이렇게 생각하게 된다. '굳이 내가 지키지 않아도, 보호자가 알아서 줄 거야.' 이러한 인식이 형성되면, 반려견의 불안은 사라지고 소유욕도 자연스럽게 줄어든다. 심리학에서는 이를 '자원의 통제력 회복'이라고 표현하기도 한다. 그리고 사료나 고기와 같은 간식을 조금씩 손으로 주는 것도 좋은 방법이다.

훈련사 조언 통제보다는 함께 나누는 방법을 가르쳐야 한다

소유욕을 보일 때, 반려견을 혼내거나 위협적으로 대하지 말자. 그럴수록 반려견은 '이 자원을 더 강하게 지켜야 한다.'라고 느낀다. 물건을 놓았을 때 칭찬하고, 나눠 쓰는 경험이 반복될 때 반려견은 비로소 '이건 내 거지만, 굳이 싸울 필요는 없어.'라는 감정을 배우게 된다. 이 감정은 단순한 훈련으로 얻어지는 게 아니라, 반려견과 보호자 사이의 신뢰에서 출발한다.

밥을 안 먹어요
'편식과 식습관' 교정하기

반려견 학교에 들어온 보호자 중에는 이렇게 말하는 사람도 많다. "사료는 입도 안 대고, 간식만 먹으려고 해요. 하루 종일 굶어도 사료는 거들떠보지도 않아요. 괜히 병에 걸릴까 봐 제가 자꾸 이것저것 바꿔주게 돼요."

실제로 한 포메라니언 '바비'의 보호자는 이런 고민으로 내게 방문 상담을 요청했다. 보호자는 바비가 밥을 안 먹을 때마다 닭백숙, 참치 캔, 치즈 등 여러 가지를 바꿔가며 줬다고 했다. 문제는 그럴수록 바비는 사료에 대한 흥미를 완전히 잃어버려 식사 시간이 되면 아예 고개를 돌려버리고 말았다.

반려견의 식습관 문제는 생각보다 많은 보호자가 겪는 고민이다. 밥에 입을 대지 않거나, 간식만 골라 먹는 아이들, 먹다 남기고 떠나는 식사 습관까지. 어떤 보호자는 이렇게 말하곤 한다.

"우리 아이는 입이 너무 짧아요. 하루 종일 사료를 안 먹고, 간식만 찾으려고 해요. 배가 고플 텐데도 억지로 버티는 걸 보면 걱정돼요."

사실 이런 편식 행동은 단순한 입맛 문제가 아니라, 대부분 보호자의 과민한 반응이나 식사 환경에서 비롯된다. 사료를 먹지 않는다고 간식을 주거나, 사료를 바꾸는 행동이 반복되면, 반려견은 '기다리면 더 맛있는 게 나올 거야'라는 잘못된 기대를 하게 된다. 이는 바로 조작적 조건화와 관련된다. 행동(안 먹기)에 따라 더 좋은 결과(간식이나 관심)가 주어지면, 그 행동은 강화되기 마련이다.

"반려견이 간식은 잘 먹는데, 사료는 안 먹어요. 그런데 간식으로 고기를 주니까 몸에도 좋잖아요. 그냥 간식 위주로 줘도 되는 거 아닌가요?"

많은 보호자가 궁금해하는 이 질문에 '그렇지 않다'라고 대답하는데, 분명한 이유가 있다. 간식은 대부분의 반려견이 좋아할 만한 맛과 향이 강하게 나도록 가공된다. 즉, 고기 위주로 보일 수 있지만 실제로는 조미료나 향료가 첨가되어 있기 때문에 반려견의 입맛을 점점 까다롭게 만든다. 이러한 자극적인 간식에 익숙해진 반려견은 비교적 담백한 사료에 대한 흥미를 잃어버리게 되고, 더 맛있는 걸 기대하며 일부러 먹지 않는 행동을 보이게 되는 것이다.

게다가 간식은 균형 잡힌 영양을 제공하지 않는다. 반려견의 건강을 유지하려면 단백질뿐 아니라 비타민, 미네랄, 탄수화물, 지방 등이 고르게 포함된 사료를 중심으로 식단을 구성해야 한다. 사료는 이러한 균형을 고려해 만들어지기 때문에, 장기적으로는 반드시 사료 중심의 식습관을 형성하는 것이 좋다.

식습관 문제, 이렇게 고쳐보자

● STEP 1 ● 정해진 시간에만 밥을 주자

자유 급식이 아닌 '시간 급식' 방식으로 바꿔보자. 하루 두 번, 정해진 시간에 사료를 주고 15~20분 내 먹지 않으면 치운다. 이 과정을 반복하면 반려견은 '정해진 시간에 먹어야 한다'는 규칙을 인식하게 된다.

● STEP 2 ● 간식 줄이기

간식은 훈련이나 보상용으로만 제한하고, 배고플 때 사료에 집중하도록 유도하자. 특히 사료를 거부했을 때 간식을 주는 행동은 반드시 피해야 한다.

● STEP 3 ● 운동과 활동량 늘리기

하루 활동량이 부족하면 식욕 자체가 줄어들 수 있다. 산책, 놀이 등으로 몸을 충분히 움직이게 해 주면 자연스럽게 식사량도 늘어난다.

● STEP 4 ● 음식에 대한 흥미 유도하기

사료 급여 방법도 중요하다. 퍼즐 급식기, 노즈워크 매트를 활용하면 식사 자체가 하나의 놀이로 바뀌고, 이 과정에서 식사에 대한 흥미가 높아진다.

●STEP 5● 다양한 사료, 잦은 변경은 오히려 독

사료를 자주 바꾸면 반려견은 '안 먹고 기다리면 다른 게 나올 거야.'라고 기대하게 된다. 특별한 이유(알레르기, 건강 문제)가 없다면 사료는 일정하게 유지하는 것이 좋다.

●STEP 6● 보호자의 반응이 열쇠다

가장 중요한 건 보호자의 태도다. 반려견이 밥을 먹지 않더라도 과도한 관심을 보이거나, 걱정스러운 표정으로 계속 쳐다보는 행동은 오히려 편식을 강화할 수 있다. '밥을 먹든 말든 보호자는 아무 반응이 없다'라는 메시지를 일관되게 주는 것이 핵심이다.

훈련사 조언 진짜 문제는 보호자의 걱정이다.

밥을 안 먹는 행동 그 자체보다, 그 상황에서 보호자가 보여주는 태도와 반응이 더 큰 영향을 미친다. 반려견은 보호자의 눈빛, 표정, 행동을 관찰하며 먹지 않으면 더 좋은 걸 줄지도 모른다는 기대를 학습하고 행동을 강화한다.

먹지 않았다고 안쓰럽게 바라보거나 간식을 챙겨주는 순간, 보호자는 무심코 '식사 거부'라는 행동에 보상하는 셈이다. 훈련의 핵심은 보호자의 잘못된 애정을 관리하는 데 있다. 식사는 보호자가 주는 사랑이 아니라, 반려견이 스스로 선택하고 책임지는 훈련이자 습관이 되어야 한다.

미용, 목욕, 발톱 자르기마다 전쟁이에요
'터치 민감성' 교정하기

얼마 전, 반려견 학교에 들어온 유기견 '봉자'는 목욕하러 욕실 문 앞에만 가도 뒷걸음질을 치고, 수건만 보여도 도망쳤다. 보호자는 이렇게 말했다. "목욕만 하려고 하면 저렇게 미친 듯이 도망가요. 억지로 끌고 들어가도 욕조에서 나가려고 발버둥을 치고요. 목욕이 왜 무서운 걸까요?" 또 다른 보호자는 비숑 '하니'에 대해 이렇게 말했다. "발톱만 깎으려 하면 으르렁거리고, 발을 살짝만 잡아도 벌떡 일어나 도망가요. 한 번은 미용실에서 미용 선생님을 물기까지 했어요."

이런 행동은 단순히 싫어서가 아니라, 신체 접촉에 대한 민감성과 불안, 그리고 반복된 부정적인 기억이 복합적으로 작용한 결과일 가능성이 높다.

터치 민감성, 이렇게 고쳐보자

● STEP 1 ● **터치에 대한 긍정적 인식 만들기**

평소 놀이나 쓰다듬는 과정에서 발, 귀, 배 등 몸 구석구석을 자주 만져주되, 천천히 접근해야 한다. 만질 때마다 간식을 주어 '만지는 것 = 좋은 일'이라는 인식을 만들어야 한다. 특히 발을 만지면 간식, 귀를 살짝 만졌을 때 칭찬을 하는 식의 '부분 보상' 훈련이 효과적이다.

● STEP 2 ● **미용 행동을 단계별로 나누어 진행하기**

처음부터 한 번에 다 하려고 하면 반려견에게 너무 큰 스트레스가 된다. 가능하면 아주 세세한 단계로 나누어야 한다.

예를 들면 욕실 근처에 가기 ⋯ 수건 보기 ⋯ 수건 냄새 맡기 ⋯ 수건으로 살짝 몸 닦기 ⋯ 욕실 바닥에 앉아보기 ⋯ 물소리 듣기 ⋯ 젖은 수건으로 몸의 일부 닦기 ⋯ 젖은 수건으로 전체 몸 닦기 ⋯ 샤워 ⋯ 드라이기 보여주기 ⋯ 바람 쐬기 등.

이 과정은 터치 탈감작 훈련의 일종으로, 작은 자극부터 차근차근 익숙해지게 만들어야 한다.

● STEP 3 ● **훈련이 끝난 후 반드시 칭찬과 보상**

행동이 끝난 뒤 반드시 "옳지!"라는 말과 함께 간식, 놀이 등을 제공해 긍정적 조건형성을 강화해야 한다. 특히 이전에 스트레스였던 경험을 긍정적인 기억으로 바꾸는 것이 중요하다. 목욕이 끝난 후에는 가장 좋아하는 장난감을 주거나 산책하는 것도 좋은 방법이다.

• STEP 4 • **강압적인 미용은 피하고 보호자와 함께하기**

억지로 붙잡거나 위협적인 톤은 터치 민감성을 더욱 악화시킨다. 가능한 보호자가 직접 하거나, 반려견이 편안함을 느끼는 사람이 옆에 있는 상태에서 진행해야 한다. 미용사가 아닌 보호자와 함께한 훈련에서는 보호자 손길을 신뢰하는 경험이 쌓이기 때문에 훨씬 긍정적인 학습이 이루어진다.

• STEP 5 • **전문적인 도움 고려하기**

민감성이 너무 강한 경우, 전문 훈련사의 터치 민감성 탈감작 훈련이 필요할 수 있다. 장기적인 관점에서 차근차근 신뢰를 쌓으며 진행해야 한다. 때로는 수의사와의 협력을 통해 진정제 사용이나 마취가 필요한 경우도 있다. 단, 이는 신뢰 회복 훈련과 병행되어야 하며, 회피로 끝나지 않도록 주의해야 한다.

훈련사 조언 **교정은 일상에서 이루어진다**

반려견을 키우면서 귀 청소를 할 때만 귀를 만지고, 발톱을 깎을 때만 발을 잡고, 미용할 때만 몸을 만지지 말자. 놀아줄 때 귓속을 들여다보고, 엉덩이나 꼬리를 만져 보고, 입을 벌려 치아를 확인하는 등, 평상시에 이상 유무를 확인하고 간식을 주는 습관은 반려견에게 터치에 대한 긍정적 인식을 심어준다. 즐거운 산책 중에도 다리를 잡아보며 발바닥이나 발톱을 확인하는 훈련이 일상처럼 이루어져야 한다. 빗질을 자주 하는 것 역시 모두 터치 민감성을 줄이기 위한 중요한 일상 훈련이다.

이러한 훈련은 문제가 발생한 뒤에 시작하는 행동 교정보다 훨씬 수월하고 효과적이다. 문제행동은 단 하나의 이유로 발생하지 않으며, 여러 감정적 요소와 환경적 조건이 복합적으로 작용해 나타난다. 따라서 행동 자체만 교정하려 하기보다, 반려견의 정서적 안정을 먼저 만들어주는 것이 핵심이다.

 정서가 안정된 반려견은 문제행동이 거의 생기지 않으며, 설령 생기더라도 훨씬 쉽게 교정할 수 있다. 결국, 만지는 훈련은 '관리'가 아닌 '관계'의 출발점이다. 사소한 손길에 익숙해진 반려견은 결국 세상과도 편안하게 연결된다.

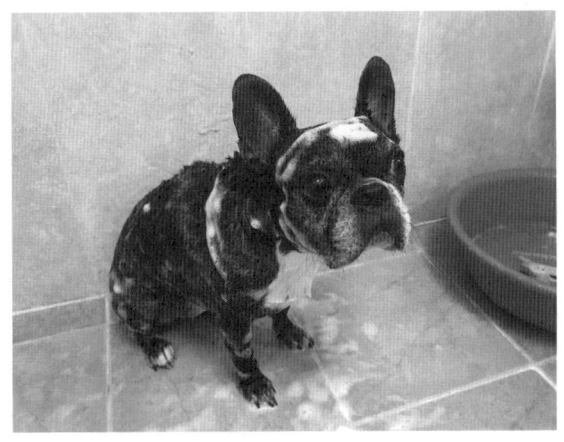

7장

반려견과 함께 걷는 길

훈련사는 어떻게 길러지는가?

 훈련사가 되기 위한 가장 일반적인 첫걸음은 '반려견 학교 견습생'으로 들어가는 것이다. 예전에는 대부분의 훈련사가 이 방법으로 시작했다. 견습생 생활이 정식 자격이나 학위보다도 더 중요한 건 실제 반려견과 부딪히며 몸으로 배우는 현장 경험이었기 때문이다.
 반려견 학교에서 훈련사를 모집할 때는 보통 면접을 통해 선발한다. "훈련사가 되고 싶어요."라며 부모님 손을 잡고 찾아오는 어린 학생도 많다. 그런 친구들은 반려견 학교에서 반려견들의 밥을 챙기고, 견사를 청소하며 하루하루 훈련 현장을 가까이에서 지켜보게 된다.
 처음에는 단순한 보조 업무부터 시작하지만, 시간이 지날수록 자연스럽게 훈련사의 역할을 이해하게 되고, 반려견들과의 교감을 통해 임상경험이 몸에 배기 시작한다. 몸은 힘들지만 그만큼 배움도 빠르다.
 그래서 나는 늘 이렇게 말한다.

"가까운 반려견 학교에 틈날 때마다 자주 가보세요. 눈으로 직접 보고, 마음으로 느껴봐야 지금의 감정이 진짜인지 아닌지 알 수 있습니다."

그 과정을 지켜본 뒤에도 여전히 '훈련사가 되고 싶다'는 의지가 확고하다면, 여기서 중요한 건 '어디서 배우냐'이다.

인터넷이나 커뮤니티를 통해 자신이 배우고 싶은 훈련사를 찾아가 보길 권한다. 아무 반려견 학교나 간다고 해서 모두 좋은 훈련사가 되는 건 아니다. 좋은 훈련사 밑에서, 좋은 시스템을 갖춘 곳에서 배워야 진짜를 경험할 수 있다. 지금은 전국 곳곳에 다양한 반려견 학교와 훈련센터들이 있고, SNS나 유튜브 등을 통해 그들의 교육 철학과 훈련 방식을 어느 정도 파악할 수 있기 때문이다.

또 하나의 방법은 대학 진학이다. 최근에는 국내 여러 대학에 반려동물 관련 학과가 개설되어 있다. 이곳에 입학하면 훈련에 대한 이론뿐 아니라 생리학, 행동학, 질병학 등 다양한 기초지식을 함께 배울 수 있다. 무엇보다도 공통된 관심사를 가진 친구들과 정보를 나누고, 훈련 경기 대회나 진로에 대한 방향성도 교수님들과 함께 조율해 나간다는 장점이 있다.

반면 단점은 현장 경험이 절대적으로 부족하다는 것이다. 장롱면허처럼 이론만 알아서는 실전에 투입할 수 없다. 반려견에게 익숙해지는 현장 경험이 무엇보다 중요하다.

그리고 훈련사가 되기 위한 자격증도 존재한다. 과거에는 '반려견 훈련사 자격증'이라는 이름으로 불렸고, 3등 훈련사부터 시작해 2등,

1등으로 단계적으로 올라가는 구조였다.

　보통 반려견 학교에서 일정한 견습 기간(1~3년)을 거친 후 훈련소장의 추천과 시험을 통해 3등 훈련사 자격증을 취득하고, 이후 몇 년의 경험을 더 쌓아 2등과 1등 자격증을 순차적으로 취득한다. 1등 훈련사가 되면 독립적으로 반려견 학교를 열거나, 스스로 '훈련소장'이라 부를 수 있는 수준이 된다. 국내에서는 한국애견협회KKC나 한국애견연맹KKF에서 자격증을 취득할 수 있으며, 최근에는 자격 명칭이 '반려동물 행동지도사'로 바뀌기도 했다.

　한편, 나처럼 외국으로 나가서 선진 훈련 문화를 직접 보고 배우는 길도 있다. 언어와 문화의 장벽이 존재하지만, 그 나라의 반려견 문화와 훈련 철학을 직접 체험하고 돌아오는 것만으로도 시야가 확장되고, 이후의 훈련 방향에도 깊은 영향을 줄 것이다.

　시대가 바뀌면서 용어도 바뀌었다. 예전에는 '애견훈련소'라고 불렀고, 그 대표를 '소장님'이라고 불렀다. 하지만 점차 '훈련소'라는 단어에 강압적이고 군대식 이미지를 느낀 사람들이 많아졌고, 지금은 '애견 학교' 혹은 '반려견 학교'라는 말이 더 자주 쓰인다. 소장도 '훈련사님', '선생님', 혹은 '교정사님'이라 부르며 더 부드럽고 친근한 호칭이 사용되고 있다.

　마지막으로 반려견 훈련사가 되는데 가장 중요한 건 "내가 진짜 하고 싶은가?"라는 질문에 대한 자기 확신이다. 훈련사는 단순히 개를 좋아한다고 할 수 있는 일이 아니다. 개보다 더 많은 시간을 사람과 소통하며 보내야 하고, 현장에서 예상치 못한 상황들을 끊임없이 마주해야 한다. 그래서 이 일에는 꿈과 의지뿐 아니라 인내, 성실함, 용기까지도 필요하다.

좋은 훈련사는 하루아침에 만들어지지 않는다. 몸으로 부딪치고, 수많은 개와 사람을 만나며 스스로 다듬어가는 과정이 반드시 필요하다. 그 길이 조금 느릴 수 있어도, 단단하게 걸어가는 것만이 진짜 훈련사로 성장하는 길이다.

훈련사 창업의 현실

훈련사가 되겠다는 결심을 품고 견습을 거쳐 실력을 쌓으면, 다음 고민은 '어떻게 이 일을 업으로 이어갈 수 있을까?' 하는 창업 문제다. 하지만 막상 현장에서 훈련사로 일해 보면, 창업은 단순한 로망이 아니라 치열한 생존의 문제임을 깨닫게 된다.

반려견 훈련소를 창업하기 위해 필요한 건 단순히 개를 잘 다루는 기술이 아니다. 장소, 시설, 견사, 장비, 보험, 행정 절차, 지역 주민과의 관계, 심지어 건물 구조까지 고려해야 할 요소가 매우 많다. 창업 초기에는 하루 종일 개를 가르치고, 밤에는 청소하고, 장비를 정리하고, 행정 서류를 챙기느라 온몸이 녹초가 되기도 한다. 무엇보다 가장 힘든 건 '찾아오는 손님이 없다'는 현실이다.

특히 홍보가 쉽지 않다. 포털 사이트에 검색만 해도 수십 개의 훈련소가 뜨는 시대에, 이제 막 창업한 훈련소가 눈에 띄기란 하늘의 별 따

기다. 훈련 실력만 믿고 기다리다가는 몇 달간 전화 한 통 울리지 않는 상황도 흔하다. 그래서 요즘은 SNS 운영, 블로그 마케팅, 유튜브 채널 개설 등 다양한 루트를 활용해 훈련사 스스로 자신의 존재를 알리는 전략이 필요하다.

또 하나의 현실적인 고민은 '가격 경쟁'이다. 어떤 보호자는 훈련의 질보다도 가격을 먼저 따진다. 그러다 보니 훈련의 가치를 설명하기도 전에 "다른 데는 더 싸던데요?"라는 말을 듣는 일이 많다. 이는 훈련을 '선택적 필요'나 '부수적인 서비스'라고 생각하는 문화에서 비롯된 문제이기도 하다.

게다가 훈련사는 혼자 모든 걸 책임져야 한다. 문제가 생긴 반려견을 맡았을 때는 물론이고, 보호자와의 갈등, 훈련 효과에 대한 오해, 비용에 대한 민감한 문제까지 온몸으로 감당해야 한다. 그래서 훈련소를 열기 전, 반드시 스스로 물어봐야 한다.

"나는 훈련 외의 모든 일까지도 견딜 준비가 되어 있는가?"

예전에는 훈련만 잘하면 자연스럽게 손님이 찾아왔다. 전국적으로 반려견 학교도 몇 곳 없었고, 경쟁도 지금처럼 치열하지 않았다. 그래서 자신이 잘하는 한 분야만으로도 충분했다. 프리스비 전문, 전람회 출전 전문, 셰퍼드 전문, 또는 방문 교정을 전문으로 하는 등 각자의 색깔이 분명한 반려견 학교들이 있었다. 하지만 지금은 하나만 잘해서는 안 되는 시대다.

자신만의 특화된 분야 하나는 필수지만, 그 외에도 전반적인 훈련 능력은 기본이고, 이제는 사업적인 운영 마인드도 갖춰야 한다. 훈련을 잘하는 것에 더해 시설 관리, 직원 관리, 마케팅, 고객 응대 등 일인다역을 소화할 수 있어야 한다. 한마디로 훈련 능력만으로는 훈련소가 유지되지 않는다. 따라서 훈련사 창업을 준비하는 사람이라면, 자신의 강점과 약점을 냉정히 파악하고, 다양한 역량을 준비해야 한다.

물론, 어려움만 있는 건 아니다. 하나둘 신뢰를 쌓아가면 단골이 생기고, 나만의 훈련 철학에 공감하는 보호자가 늘어날 때 훈련사로서 느끼는 보람은 이루 말할 수 없다. <u>내가 가르친 반려견이 변화하고, 보호자 가족이 웃으며 "정말 고맙습니다."라고 말해 줄 때 그 순간이야말로 이 일이 가진 가장 큰 가치다.</u>

훈련사 창업은 단순히 '직업을 갖는다'라는 차원을 넘어, '자신만의 철학을 세우고, 그 철학을 통해 삶을 이어간다'라는 깊은 의미를 담고 있다. 현실은 냉정하지만, 그 안에서 자신의 길을 묵묵히 걸어갈 수 있다면, 훈련사라는 직업은 분명 멋진 길이 될 것이다.

훈련사도 결국 사람을 만나는 일

훈련사를 하면서 내가 가장 좋았던 점은, 나보다 경험도 많고 연령도 다양한 사람들을 만날 수 있었다는 것이다. '반려견'을 통해 자연스럽게 그들과 대화를 나누고, 친해지고, 삶을 공유했다. 의사, 법조인, 기업가처럼 평소라면 접점이 없을 사람들과도 진심 어린 인연을 맺게 되었다. 그들로부터 들은 조언과 응원은 인생의 고비를 넘길 때 큰 힘이 되어 주기도 한다.

개들을 훈련하면서 나도 바뀌었다. 개는 말을 하지 못하니, 그들의 감정을 읽기 위해서는 인내심과 관찰력이 필요했다. 나는 점점 더 차분해졌고, 경청하는 법도 배웠다. 그 태도는 보호자에게도 이어졌다. 가끔은 정말 답답한 경우도 있었다. 분명히 설명했는데도 같은 실수를 반복하고, 자신의 방식만 고집했다. 하지만 나는 그런 보호자도 포기하지 않고 계속 설명하고, 기다려준다. 마치 반려견을 훈련하듯 말이다.

 아직도 '나'라는 사람은 성급하고 모든 게 부족하고 서툴다. 하지만 훈련사로서 보호자를 만나는 순간만큼은 나는 전문가이다.
 사람들은 흔히 '훈련사'라고 하면 반려견과만 소통하는 직업이라고 생각한다. 물론 반려견과의 교감과 기술이 핵심인 직업은 맞지만, 실제로는 그보다 더 중요한 것이 있다. 바로 '사람과의 관계'다.
 훈련사는 매일 보호자와 만나고, 상담하고, 문제를 함께 풀어나간다. 어떤 반려견이든 그 행동의 절반 이상은 '보호자와의 관계'에서 비롯되기 때문이다. 그래서 나는 늘 이렇게 말한다.

 "훈련은 반려견만 하는 게 아닙니다. 보호자와 함께하는 거예요."

 훈련을 진행하다 보면, 나는 종종 심리상담사가 된 것 같은 기분이 들기도 한다. "얘가 요즘 너무 말을 안 들어요", "저한테만 이래요", "제가 뭔가 잘못한 걸까요?" 이렇게 말하는 보호자들의 표정을 보면 단순한 훈련 문제가 아님을 느끼게 된다. 반려견의 행동에는 보호자의 감정, 일상, 관계, 생활 습관이 그대로 투영돼 있기 때문이다.
 어떤 날은 보호자가 눈물을 흘리기도 한다. 한참 대화를 하다 보면 훈련 이야기는 사라지고, 오히려 자신의 삶에 관한 이야기가 더 많아진다. 나는 그런 이야기를 끝까지 들어주는 것도 훈련사의 역할이라고 생각한다. 개와 사람, 모두를 이해해야 진짜 훈련이 시작되기 때문이다.

훈련사는 다양한 보호자들을 상대해야 한다. 자신의 반려견에 대해 너무 과신하는 사람, 반대로 너무 두려워하는 사람, 정보를 과하게 습득해 오히려 혼란스러워하는 사람도 있다. 이럴수록 훈련사는 중심을 잡고, 올바른 방향을 제시해야 한다. 때로는 부드럽게, 때로는 단호하게 말이다.

이제 반려견 훈련사에게는 보호자의 말에 공감하고, 소통하며, 정확한 방향을 제시하는 상담 능력이 더욱 중요해졌다.

그래서 나는 좋은 훈련사의 자질 중 하나로 '사람에 대한 이해심'을 꼽는다.

훈련사는 결국 사람을 변화시키는 직업이기도 하다. 반려견은 보호자를 따라 배우기 때문이다. 훈련사의 언어 하나, 태도 하나가 보호자에게 영향을 미치고, 그것이 다시 반려견에게 전달된다. 이 연결고리를 누구보다 잘 알아야 하는 사람이 바로 훈련사다.

결국 훈련은 반려견, 보호자, 훈련사가 함께 만들어가는 공동 작업이다. 기술만으로는 부족하다. 사람을 이해하고, 신뢰를 쌓고, 함께 걸어가야 한다. 그래서 나는 오늘도 반려견보다 먼저 보호자의 마음을 읽으려고 노력한다. 그게 진짜 훈련사의 시작이라고 믿기 때문이다.

한국의 반려견 문화,
이대로 괜찮을까?

우리 반려견 학교에도 다양한 국적과 배경을 가진 보호자들이 방문한다. 그중 기억에 남는 건 미국에서 온 보호자와 함께 방문했던 도베르만 '터프'라는 반려견과 캐나다에서 살다 귀국한 보호자와 함께 온 그로넨달 '일구'였다. 그들은 한국과 외국의 반려견 문화에 대해 자주 이야기하곤 했다.

"왜 한국에서는 훈련을 미리 하지 않나요? 대부분 문제행동이 심해진 후에야 반려견 학교를 찾는 것 같아요."

그 말에 나는 잠시 할 말을 잃었다. 너무도 정확한 지적이었기 때문이다. 그 보호자들이 말하길, 한국의 많은 반려견이 뭔가 산만하고, 슬퍼 보인다고 했다. "교육을 받지 못해서 뭘 해야 할지 모르겠는 눈빛이 느껴져요. 자유롭게 걷지도 못하고, 다른 개들을 보면 불안해하죠."

이야기를 나누다 보면, 단순한 문화의 차이보다는 '태도의 차이'가 문제임을 더욱 실감하게 된다. 외국에서는 훈련이 선택이 아니라 필수이며, 반려견과 함께 사회에서 살아가는 방법을 배우는 데 초점을 맞춘다. 그러나 한국에서는 여전히 '사랑'이 전부인 줄 아는 사람이 많다. 문제행동이 생기고 나서야 겨우 훈련을 고민한다.

반려견 인구는 계속해서 늘고 있지만, 우리의 문화와 인식, 제도는 그만큼 따라오지 못하고 있다. 반려견을 키우는 사람들이 1,500만 명(2025년 기준)에 이를 정도로 많아졌지만, 여전히 '반려견과 함께 살아가는 사회'를 만들기 위한 준비는 부족해 보인다.

내가 생각하는 가장 큰 문제는 '교육의 부재'다. 반려견을 키우기 위한 자격도, 기본적인 교육도 없이 누구나 반려동물을 데려올 수 있다. 예쁜 외모, 충동적인 구매, SNS의 영향 등으로 입양된 아이들이 결국 파양되거나 문제행동으로 고통받는 현실이 반복된다. 독일처럼 반려견 보호자 자격제도나, 반려견의 사회화 수준을 측정하는 '사회화 테스트VT' 같은 검증 시스템이 한국에도 도입될 필요가 있다.

또 하나의 문제는 '맹견'에 대한 오해와 공포다. 한국에서는 일부 견종이 무조건 맹견으로 규정되고, 입마개 착용 등으로 관리된다. 하지만 '맹견'이라는 기준은 매우 모호하며, 반려견의 행동은 전적으로 '교육과 사회화'에 의해 달라질 수 있다. 그리고 대형 견을 데리고 산책하면 주변의 시선이 따갑다. 소형 견이라고 해서 개 물림 사고가 없는 것은 아닌데도 그렇다.

독일에서는 맹견으로 분류된 개도 VT 테스트를 통해 충분히 사회화가 되었다고 판단되면 입마개 없이도 대중교통을 이용하고 사람들과 어울려 살아간다. 중요한 건 견종과 크기가 아니라 교육의 수준이다.

문화적인 인식도 아직은 걸음마 수준이다. 한국에서는 개 짖는 소리, 배변 문제, 공공장소에서의 불편함 등이 여전히 이웃 간의 갈등으로 번지고 있다. 그러나 이는 반려견이 문제가 아니라, 사람의 '태도' 문제다. 일부 비매너 보호자들이 전체 반려인들의 이미지를 깎아내리기도 한다. 그러니 반려견이 아니라 사람이 바뀌어야 한다. 그래서 나는 늘 말한다.

"훈련은 반려견보다 보호자부터 시작해야 한다."

이제는 단순한 동물 사랑을 넘어서, 책임 있는 반려 생활을 위한 문화가 필요하다. 이를 위해선 국가적 차원의 제도적 뒷받침도 중요하다. 예를 들면 반려동물 등록비로 지불한 비용 중 일부라도 교육에 사용되어야 한다. 반려견 교육 3회 의무화, 보호자 공공 예절 교육, 지역 단위 교육 시스템 정착 등이 함께 병행되어야 한다. 그래야만 반려견과 비반려인이 공존할 수 있는 사회가 만들어질 것이다.

내가 훈련사로 살아오며 느낀 건 단 하나다. <u>개는 절대 문제의 원인이 아니다. 문제는 항상 사람에게서 시작된다.</u> 그리고 변화도, 사람에게서부터 가능하다. 이 책을 읽는 당신이 그 출발점이 되어 주길 바란다.

에필로그

반려견을 키운다는 건,
책임을 키우는 일입니다

　반려견을 입양할 때 누구나 말한다. "정말 사랑으로 잘 키울게요." 하지만 시간이 지나면서 문제행동이 보이거나, 예상보다 많은 시간과 비용이 필요하다는 것을 깨닫게 되면 그 다짐은 점점 흐려진다. 사랑만으로는 부족하다는 걸 그제야 알게 되는 것이다.

　<u>반려견을 키운다는 것은 곧 '하나의 생명에 대한 책임'을 지는 일이다.</u> 단지 귀엽고 예뻐서, 외로워서, 충동적으로 키우기 시작한 것이 아닌, 함께 살아가기 위해 노력하고 배우며 성장해 나가는 관계여야 한다.

　나는 반려견 학교를 운영하면서 수많은 보호자를 만났다. 어떤 보호자는 처음엔 정말 막막하고 서툴렀지만, 꾸준히 훈련과 관찰을 이어가며 멋진 보호자로 성장했다. 또 어떤 보호자는 단 한 번의 교감으로 눈빛이 바뀌었고, 그 뒤로 반려견과의 관계도 놀랄 만큼 좋아졌다.

　'책임'이란 단어는 무겁지만, 그것은 곧 관계를 지켜가는 힘이다. 보호자가 바뀌면, 반려견도 바뀐다. 반려견은 보호자의 태도와 습관, 감정에 아주 민감하게 반응한다. 결국, 내가 어떤 사람으로 살아가느냐가 반려견의 삶에도 고스란히 영향을 주는 것이다.

책임은 때로 훈련보다 더 큰 힘을 가진다. 밥을 챙겨주고, 산책을 시키고, 훈련을 반복하는 것처럼 보이지만, 그 모든 행동 뒤에는 보호자의 태도와 지속적인 관심이 깃들어 있어야 한다.

우리의 반려견은 말하지 않아도 모든 걸 느낀다. 우리가 하루를 어떻게 보내는지, 감정이 어떤지, 신뢰할 수 있는 사람인지 늘 지켜보고 있다.

그래서 나는 이 책의 마지막 장에서 꼭 전하고 싶다.

훈련이란, 반려견에게 시키는 것이 아니라 보호자가 스스로 바뀌는 과정이다. 반려견이 우리에게 주는 믿음과 사랑에 응답하는 방식이기도 하다. 반려견과 함께 걷는 이 길 위에서, 우리는 조금 더 인내하고, 배우고, 책임지는 보호자가 되어야 한다.

이 책의 첫 장을 열며, 나는 이런 문장을 썼다.

"사랑만으로는 부족합니다." 그리고 지금, 이 마지막 페이지에서 다시 말하고 싶다.

"사랑은 책임으로 완성됩니다."